AF092079

www.ingramcontent.com/pod-product-compliance
Lightning Source LLC
LaVergne TN
LVHW020434080526
838202LV00055B/5181
9788119022625

گذشتہ حیدرآباد

مصنف:
رائے محبوب نارائن

© Taemeer Publications

Guzishta Hyderabad
by: Rai Mahboob Narayan
Edition: May '2023
Publisher & Printer:
Taemeer Publications, Hyderabad.

ISBN 978-81-19022-62-5

مصنف یا ناشر کی پیشگی اجازت کے بغیر اس کتاب کا کوئی بھی حصہ کسی بھی شکل میں بشمول ویب سائٹ پر اَپ لوڈنگ کے لیے استعمال نہ کیا جائے۔ نیز اس کتاب پر کسی بھی قسم کے تنازع کو نمٹانے کا اختیار صرف حیدرآباد (تلنگانہ) کی عدلیہ کو ہو گا۔

© تعمیر پبلی کیشنز

کتاب	:	**گذشتہ حیدرآباد**
مصنف	:	**رائے محبوب نارائن**
صنف	:	تاریخ و تحقیق
ناشر	:	تعمیر پبلی کیشنز (حیدرآباد، انڈیا)
زیر اہتمام	:	تعمیر ویب ڈیولپمنٹ، حیدرآباد
سالِ اشاعت	:	۲۰۲۳ء
تعداد	:	(پرنٹ آن ڈیمانڈ)
طابع	:	تعمیر پبلی کیشنز، حیدرآباد – ۲۴
صفحات	:	۷۴
سرورق ڈیزائن	:	تعمیر ویب ڈیزائن

فہرست

	صفحہ نمبر
عرض حال	8
۱۔ بھاگیہ متی کے نگری میں	9
۲۔ چارمینار	17
۳۔ چارمینار کے سایہ میں	24
۴۔ حیدرآباد کے دیوان خانے	26
۵۔ حیدرآباد کی تہذیب	33
۶۔ حیدرآباد کا موسم گرما	37
۷۔ دکن کا محرّم	42
۸۔ دکن کے جاڑے	50
۹۔ دکن میں برسات کی بہاریں	59
۱۰۔ قدیم حیدرآباد میں جسمانی ورزشیں۔	66
فہرست کتب تاریخ دکن	73

رائے محبوب نارائن

جن دنوں میں آندھرا پردیش اردو اکیڈیمی کی مجلس عاملہ کا صدر نشین تھا' حیدرآباد کے تین ممتاز مصنفوں' رائے محبوب نارائن' جناب ھر مزا اور جناب دامودر ذکی کی خدمات کے اعتراف میں ایک جلسہ منعقد کیا گیا تھا اور ان کی خدمت میں ایک ایک ھزار روپیہ نذرانہ پیش کیا گیا تھا۔ اسی جلسے میں یہ تجویز رکھی گئی تھی کہ دکنی تہذیب اور زبان کے تحفظ کے لئے کتابیں لکھوائی جائیں۔

اس پروگرام کے تحت سب سے پہلے رائے محبوب نارائن نے حیدرآباد کی قدیم تہذیب کے بارے میں ایک کتاب لکھی تھی لیکن اس کی اشاعت کی نوبت نہیں آئی۔

چند ماہ قبل ادبی ٹرسٹ کی مجلس عاملہ نے اردو میں دلچسپ' مفید اور معیاری کتابوں کی اشاعت کا پروگرام بنایا اور اس بات پر زور دیا کہ دکن کی تاریخ اور تہذیب کے ان پہلوؤں پر کتابیں شائع کی جائیں جو ابھی تک نگاہوں سے اوجھل ہیں۔

چنانچہ رائے محبوب نارائن کی کتاب کے مسودے کو اردو اکیڈیمی سے حاصل کرکے ادبی ٹرسٹ کے زیر اہتمام شائع کیا جارہا ہے۔

آنجہانی رائے محبوب نارائن ایک صاحب طرز ادیب تھے' ان کی ذات حیدرآباد کی گنگا جمنی تہذیب اور شائستگی کا مرقع تھی' ان کا مطالعہ وسیع تھا۔ دکن کی سیاسی اور تمدنی تاریخ پر وہ گہری نظر رکھتے تھے۔ قدیم حیدرآباد کی تہذیبی زندگی کے بارے میں انھوں نے یہ مضامین نہایت دلکش اور شگفتہ اسلوب میں تحریر کئے ہیں ان مضامین کو پڑھتے ہوئے ہم حال سے نکلکر ماضی کی دنیا میں پہنچ جاتے ہیں اور اس دور کی زندگی کی بھرپور تصویر نگاہوں کے سامنے آجاتی ہے اس کتاب کا ہر مضمون اپنی جگہ ایک انشائیہ ہے جو دلچسپ ہونے کے ساتھ معلومات آفریں بھی ہے۔

عابد علی خاں
مینجنگ ٹرسٹی
ادبی ٹرسٹ حیدرآباد

۲۶ اپریل ۱۹۸۵ء

عرضِ حال

ان اوراقِ پارینہ کے فرسودہ نقوش میں ہمارے معاشرہ کا ایسا مواد پیش کرنے کی کوشش کی گئی ہے جو اعداد و شمار کے بجائے عام حالات سے راست نتائج اخذ کرنے اور مستقبل کا لائحہ عمل بنانے میں ممد و معاون ہوسکے۔ ہم کسی پر یہ مخصوص نتائج ٹھونسنا نہیں چاہتے بلکہ ہم یہ سمجھتے ہیں کہ ان سے ایسے نقشے ہماری نظروں کے سامنے گھوم جائیں گے جن کی بدولت قدیم حیدرآباد یعنے سرزمینِ دکن کی بھولی بسری یادیں تازہ ہوجائیں گی۔ جہاں ہم نے نیند کے ماتے انسانوں کو بھیرویں کے مدھم سُر بھرے گیتوں سے جگانے کی کوشش کی تھی وہیں ہم یہ بھی جانتے تھے کہ چاہے قدریں بدل جائیں لفظوں کے معنے بدل جائیں لیکن ارتقائی منازل میں سماج سے متعلق ہمارے اپنے چند روایتی عقیدے بھی ہوتے ہیں جو باقی رہتے ہیں اور ہم میں ماحول سے تطابق کی صلاحیت کو تقویت پہنچاتے ہیں۔ تمدن کے ایسے تاریخی فنون سے جواہر برآمد کرنا بڑا حوصلہ شکن کام ہے مگر ایسی سنگلاخ زمین کو لطافتِ زبان کی آبیاری سے نرم و ملائم بنایا جاسکتا ہے۔

حیدرآباد کا ماضی شاندار تھا اور مستقبل بھی عالی شان ہوگا۔ حال تو بہر حال حال ہی ہے ان مضامین کی تخلیق کے لئے میں ڈاکٹر ہاشم امیر علی کی ہمت افزائی اور جناب عزیز قریشی اور جناب محبوب حسین جگر کی کرم فرمائی کا ممنون ہوں اور ان کی اشاعت کے لئے جناب عابد علی خاں اور اردو اکیڈمی آندھرا پردیش کا احسان مند ہوں۔

ہیچ اکسیر بہ تاثیرِ محبت نہ رسد
کفر آوردم و در عشقِ تو ایماں کردم

بھاگیہ متی کے نگر میں

شہرے چو بہشت در نکوئی ∴ یابی تو درو آنچہ جوئی
گر پیر بہ دیدنش شتابد ∴ زو عمر گذشتہ باز آید
زو ہر چہ نخوست کم نہ یابی ∴ یابی ہمہ چیز غم نہ یابی

شہر حیدرآباد فرخندہ بنیاد حسن و خوبی میں ہشت بہشت ہے۔ تم جو چاہو گے یہاں پاؤ گے۔ شاخِ آرزو اسی فضا میں ہری ہو گی۔ اگر کوئی بوڑھا بھی اسے دیکھنا چاہے تو شوقِ دید میں ایسا تیز پا ہو کہ اپنی کھوئی ہوئی جوانی اور گذری ہوئی عمر واپس پائے۔ اس شہر کی سیر حیات بخش ہے۔ فن و خوبی سے کم درجے کی کوئی شیے یہاں نہیں ہے۔ نہیں ہے تو بس غم نہیں ہے اللہ کا دیا کچھ کم نہیں ہے۔ سب کچھ ہے اور سب کے لئے ہے۔ ظلم کا فریادی بلبل کے سوا کوئی نہیں۔ اس چمن میں پھٹا جامہ گل کو زیب دیتا ہے۔ سوسن کے سوا برہنہ یہاں کوئی نہیں۔ چوری کا ڈر نہ چکاری کا خطرہ' کالے چور' یہاں کوئی ہیں تو بس کاجل بھرے نین والے جو پہلے دل چُراتے تو پھر آنکھیں چُراتے۔ میٹھے بول' مدھر سر سن کر کون مسافر آگے قدم اٹھا سکتا۔ پیارا شہر۔ رشکِ دہر۔ نسیم فجر۔ عطر بیز و مشک ریز فن و ہنر۔ شرفِ بشر۔

حضرت رازی شیرازی فرماتے ہیں۔ پاکیزہ نظارے۔ مچلتے فوارے۔ گل و ریحان بوستانِ دماغ و جان کو مسرور کریں۔ باغات کی افراط۔ خوبی عمارات۔ بیشتر از صفات دیگر ولایات ہند میں مستثنیات۔ نسیم فضا کے جھونکے ساحتِ دل سے غبار و ملال صاف اڑالے جائیں۔ اس شہر میں ہر طرح کا مقصود و تمنا میسر ہر طرف منظورِ خاطر و نظر حاضر۔ بھاگیہ نگر ایک شہر ہے جس کی آب و ہوا خوشگوار۔ اثمار حلاوت آثار مبارک منزل فرخندہ بنیاد۔ لطیف و دل کشا نکہت۔ زلف سنبل سے صبا معطر، فضا پُر بہار

ہر شجر شاخ طوبیٰ۔ ہر گلی کام دھینو۔ یہ لطافتِ مزاج نہ ارم میں نہ خلدِ بریں میں۔ شانِ ظلِ اللہ، العظمت للہ۔ اس کی خوش حالی کا سبب دعائے ساولیا۔ اس کے بسلنے کی تاریخ "یا حافظ"۔ وہی اس کا نگہبان، وہی اس کا محافظ۔ انس و پیار کا متوالا، اس کا بسلنے والا دعا مانگتا ہے۔ (۱۰۰۰ھ)

مرا شہر لوگاں سے معمور کر۔ رکھیا جوں تو دریا میں من یا سمیع!

میرے شہر کو انسانوں سے ایسا معمور کر جس طرح تو نے سمندر کو مچھلیوں سے معمور کر دیا ہے۔ بے حد، بے شمار، اننت، ان گنت۔ صوفیائے کرام نے مثنویوں کے پیرائے میں اپنی روحانی تعلیمات سے شرافت اور محبت کے جذبات کو جگایا۔ مجازی قصوں میں حق کا پیام پہنچایا۔ خلوص کے مضراب سے انسانیت کا بر تار جھنجھنا اٹھا۔ شاہِ ذی جاہ نے فرمایا ؎

من غمِ عالم ندارم عاشقی کارِ من است ۔ بادشاہِ کشورِ عشقم خدا یارِ من است

دنیوی غم و آلام سے بے نیاز، صرف پیار اور محبت سے سروکار۔ پریم کے جگ پر حکمران وہی معبود میرا یار و مددکار ہے اور اسی سے سروکار ہے۔

سیاست کے داؤ پیچ، مکر و فریب اور فسق و فجور سے دور، کٹھور پن، کڑوے سخن بیدردی، بیگانگی، قتل و غارت گری اور جنگ و جدال سے نفور۔ وجوہِ جنگ کو نیست نابود کرنے، جھگڑے کے پیڑ کو جڑ سے اکھیڑ پھینکنے کی ٹھان لی۔ فرد کے کردار، قوم کی سیرت کو آداب و اخلاق کے سانچوں میں ڈھالا کہ آدمیت، انسانیت ابھر آئے۔ آدمی بنایا، آدمی بسایا ایسی بستی بسائی کہ جہاں کا معاشرہ شریف آدمی ہی پیدا کر سکے۔ پیار کی اس نگری کے بسلنے میں بادشاہوں کے تلخ تجربات سے استفادہ کیا۔ اقتدار کی کشمکش اور اس کے گھناؤنے نتائج سب پیش نظر تھے۔ حکیم السیاست نے اس کے علاج کا نسخہ تجویز کیا۔ انس، پیار، عشق، محبت۔ پریم کی پینگ بڑھی، بندے کی بات خدا سے جا لڑی۔ انسانیت جاگ اٹھی۔ بھاگ متی ایک عورت۔ محبت کی جیتی جاگتی مورت۔ سدا سہاگن۔ پریم پجارن عشق و مشک کی پیشی رقص و سرود کے پائل کی جھنکار، ذوق درد کی مٹھاس، ایک کھٹک، ایک پھانس۔ مجاز میں حقیقت آشکار، چھلم کی چنچل نار۔ چت چور نے قطب شاہی تلوار کو نیام کیا۔ محبت کا پیام دیا

نوائے الفت بلند کی - پریم کا پرچم لہرایا - مجھ سے سنو اس نگری کے بسانے کی بات ساون بھادوں کی برسات' جدائی کی رات نا قابلِ برداشت - راجہ کی راج ہٹ' ندی کی تریا ہٹ - اُدھر موسی کو طغیانی آئی اِدھر محبت کا طوفان اٹھا - دریا کی لہروں کو محبت کی لوٹوں نے اپنی لپیٹوں میں لپیٹ لیا - چاہ کی راہ کو کون روک سکے - بہتا پانی کیا رک سکتا ہے - ہٹ ہٹ گئی ندی نٹ گئی - پریم کا بیڑا' راجہ کا گھوڑا اس پار - دو دلوں کو پیار ملا - آدھار ملا - دھارا دھار ملا - پریم جتائی' نگر بسائی' پدرانہ شفقت' نرد اپر جسر ہوا یا پرانا پل کہلایا - "صراط المستقیم" تاریخی نام پایا - موسی سے کہا تم بھی بہتی رہو ہم بھی چلتے رہیں - ۹۸۱ھ نہ تم رکو نہ ہم رکیں - جیو اور جینے دو' پھولو اور پھلنے دو - مانگ کا سہاگ ساجا' دلھن کا بھاگ جاگا - پریم کی نگری بسی - جیسا راجہ ویسی پرجا - محل کی پریت' نگر کی ریت ہو گئی -

دکن کے گگن کا ایک قطب - اس کی ایک کہانی - ایک رانی - بس سارا جیون اسی کے گرد گھومتا ہے - ہر من میں ایک رانی باقی ساری کہانی کہ کس کے کام آئیں' پیار جھلکائیں - تارا تارے پر کھینچا - پیارا پیارے پر ریجھا - محبت میں سرشار حضور - پیار پر نثار جمہور - بناوٹ نہ بوالہوسی' حقیقت اور حق پرستی' بندوں بندوں میں بھید نہ رہا جیون کے بند کھل گئے مملکت گولکنڈہ' بھاگیہ نگر راجدھانی - قلی قطب شاہ راجہ' بھاگیہ متی رانی - بھاگیہ متی یعنے خوش بختی - قلبِ شہر میں چار مینار - چار سُو بازار حسن و خوبی کا بانے دار - چار مینار پر ایک مکتب بھی ایک مسجد بھی - نیچے دربار - اندر لچھمی کا مندر - خوشحالی کا ضامن - مامنِ امن - جانب شمال ایک ٹکسال - ہیرے موتی پنا لال - چاندی سونے کا دھرم کانٹا - کوٹھوں پر حسن کی سرکار - طبلے کی تھاپ گھنگرو کی جھنکار - عطر کی مہکار - خوشبو میں بسے خوش رُو - سبک' رقصاں' سنگ دل مگر نازک اندام ساز کا زیر و بم دل کش' راگ رنگ اوپر' نیچے بازار' اوپر چت چور' نیچے ساہوکار' یہ بھی بھاؤ بتائے وہ بھی بھاؤ بتاتے - ان کا ایک دام اُن کا ایک دام -

حسن پرستی' حسن کار کی مدحت' صنعت پرستی' صانعِ ازل کی عظمت' دوکانوں کی آرائش - دلہنوں کی آرائش کنواری کا چڑھاوا - سہاگن کا سراپا - انتیاں' انوٹ انگشتری - انگوٹھی - آرسی - باؤلیاں - بجلیاں - بلاق - بچھوے - جھمکے - بندی - بازوبند

سیج بند۔ بیڑی۔ پدک۔ پدیان۔ پہونچیاں۔ پازیب۔ پائل۔ تعویذ۔ توڑے۔ تلسی ٹھسی۔ ٹیکہ۔ جھلملی۔ جگنی۔ جھانجن۔ جھومر۔ جہانگیری۔ جھمکے۔ جواہر جتھ۔ چاند چاند باؤلی۔ چاردانی۔ چشمِ کبوتر۔ چھوٹی چھلے۔ چوکڑی۔ چندن ہار۔ چمپاک۔ چمپا کلی چوڑانی۔ چکریاں۔ دست بند۔ دال نکھ۔ زنجیر۔ سرپنچ۔ سیس پھول۔ سرا پا ست لڑا۔ طرّہ۔ کمر پٹّہ۔ کرن پھول۔ کڑا۔ کنگن۔ کلغی۔ گجرے۔ گینٹی۔ گبرو گنڈو۔ لچھا۔ لونگ۔ لولک۔ لول۔ مالا۔ مٹّل۔ مچھلیاں۔ مرزا بے پروا۔ مرکب بال موتی کی پنچ لڑی۔ نتھ۔ نورتن ——— چار کمان سے گلزار حوض تک زیور کا بازار ایک طرف، دوسری طرف ان ہی دوکانوں کے سامنے کتابوں کی دوکانیں۔ لکھنے پڑھنے کی سعادت، کاغذ، صادر، قلم، دوات، کتابیں فارسی کی بھی، عربی کی بھی، سنسکرت کی بھی، تلنگی کی بھی، اور اردو انگریزی کی بھی۔ نصاب کی کتاب ہو یا حساب کی کتاب، جو چاہو پڑھ لو۔ حروف کی کتاب یا عروض کی کتاب۔ پریوں کی کہانیاں اور دیو بانیاں۔ پھر تازہ میووں کی دوکانیں۔ کشمیری کی دوکان پر خشک مغزیات بادام، اخروٹ، چلغوزہ، پستہ، کشمش، منقہ، کھجور تازہ اور پنڈ کھجور، کاجو، چرونجی ایک دوکان پر اچار، چٹنیاں، نورتن، مربہ، پاپڑ، بڑیاں۔ دسترخوان کی ساری آرائش ایک سمت مغرب میں پنساری کی دوکان، مودی کا غلہ اور سامان دہیں ادویات۔ نسخہ ساز اور کچی گندھی، جڑی بوٹی، نرملی، شیر کے ناخن، ریچھ کی جڑ، بارہ سنگھا اور ہرن کی کھال گینڈے کی پیٹھ،

کالی کمان کی طرف سنار، پردیسی اور مقامی کاریگر، گلٹ ساز، گھڑی ساز، پانی کی گھڑی وقت آئے ڈوب جائے، ریت کی گھڑی، وقت ہو جائے تختہ الٹ دو پھر نئے زمانے کا انتظار کرو۔ گھنٹہ گھڑی، جب تک نہ ٹھوکو نہ بجے۔ کنجی کی دیواری اور جیبی۔ ہر روز کوئی جس طرح بھی ہو وقت کو جان لو، پہچان لو۔ چار مینار کے قبلہ رو لاڈ بازار، لاڈلی کی یادگار سہاگ کے سولہ سنگھار۔ مصالح کی دوکانیں۔ ساچق کا سارا لوازمہ، آرائشِ تامہ اگر بتی۔ برکھی۔ چکسا۔ سرمہ۔ سرکا مالا۔ مسی بھٹی۔ سہاگ پوڑا۔ کالی پوت کا لچھا۔

ہری چوڑیاں، لٹکن، کنگن، میمن، موہے بند، موباف، باگ نگ، ہنکا، پاکین، مسواک ناڑا، جالی، مہندی کا تیل، کھوپرا، منظر کی اوڑھنی، کرکری، کونکو، امام ضامن مہندی بند، پھول پنکھا۔

آپ کو معلوم ہے سہاگ پوڑے میں کیا ہوتا ہے، جھاما، کنگھی، کنگھا، آرسی آئینہ تیل، پھلیل، آنولہ، ریٹھا، اگرموتھا، مولسری، بال جی، سہاگا کائی، کپور کچری، مہندی اپٹن، ملوٹ، ہلدی، سرکا مصالحہ، مکٹ کمیلہ، مسّی، اگربتی، برمکھی، لوبان، مالا، تسبیح، ریحال، مسواک۔

یہیں پٹوے گر کی دوکان، جو جاہر گٹھوالو، ڈوری، گھنگرو، چنور، مورچل، مسند حقہ، گڑاکو، نیچہ، منال۔ پھر زر دوزی کے سامان کی دوکان۔ اراس کیسر۔ کلابتو۔ پوت کرن۔ مصالحہ۔ جھنک۔ استنبول کی پٹیاں۔ چمکی۔ ایک چمکی کا بالا یا تین چمکی والا۔ قور۔ بارڈر۔ ریشم۔ اون۔ پھندنا۔ ہرنیا۔ زنجیرا۔ منچرلیس کے سامنے بی بی تراشں شمشیہ، بنارسی، چمپا، موتی چور، گوکرو، الماس، تار مقیش، صندل، جوڑے، چونڈے عالمگیری، مکتول، تیل کی کٹوری، مسّی کی ڈبیہ، سرمہ دانی، کاجل کی کاڑی، اور دیکھو اس طرف، توشک، تکیہ، رضائی، بستر، چادر، دری —————— بازو میں نظام الدین عطار کی دوکان۔ موتیا، بھٹ موگرا، شمامۃ العنبر، خس، رات کی رانی، پھول، تازہ گلاب، سوہنی، چمپا، مدن مست، کیوڑا، اگر، عباسی، سنطوک، مخلوط نادری، عروسی زلفِ عروس، پاندی، روحِ شمیم، دلپذیر، دلھن، شہناز، منور نجن، دونا مروا، ہزارہ، گلِ حنا، ارگجا، قطب شاہی لخلخہ، باسی دلہن، مرغوبِ عثمانی، نرگس، منوہر، مشک مالتی

پاندان کا مصالحہ بھی ساتھ ہی لے چلو۔ چھالیہ، چکنی، گرڈھے دار، مکی، لونگ زعفران، جائفل، جاپتری، الائچی، سونف، سکھ مکھ، زردہ، قوام، باندپان، پن تلے کی دوکان۔ پان کی کچی۔ پکے پان، بنگلہ، دیسی۔

جنوب میں پھول والوں کی دوکان، موتیا، گلاب، سیوتی، مدن مست، موگرا، کیوڑا، چمپا، چنبیلی۔ زنانی مردانی زیور، سرپنچ، گجرے۔

مشرق میں دولہ رائے کی دیوڑھی سے متصل مٹھائی کی دوکانیں ——— ملائی کی پوری، حلوا سوہن، کھاجا، برفی، پیڑے، قلم، مال پوری، گجیہ، لڈو، جلیبی، اِمرتی گلاب جامن، قلاقند، نکتی، بتاشے، نقل، شیرینی، پھینی، دودھ، دہی، کھویا سیو، سیویاں، دال موٹ، سموسہ، خستہ کچوری، کھارا۔

بھنگ، ہری کلی، گانجہ، افیون، چرس، مدک کی گولی، معجون اور نشے کے کئی اقسام۔

دیوی کے بھگت لالہ بہادر مال والوں کے شادی خانہ، بھوئی خانہ، خانہ بلغ میں خانہ کش۔ موتیا۔ سونف۔ تیتر بٹیر کی۔

ماتھر کائستھوں کی بستی۔ دانشوروں کی ہستی۔ سیاق وسباق کے ماہر، لالہ بہادر قلم کے دھنی، دل کے غنی، نظم ونسق پر قادر، سررشتہ کے سر دفتر، درباری سیاست میں چابکدست، مشرف بھی اور مقرب بھی۔ وفادار، باوقار، فارسی پختہ، استادِ ریختہ ادیب، انشا پرداز، شاعرِ بلند پرواز، خوش نویس، شب نویس، مورخ، وقائع نگار وضع کے پابند، ہمیشہ چاق وچوبند، کایستھ بہ کارِ خویش ہوشیار۔

یہ ہے میرے شہر کی زرق برق اور شان، یہ ہے میرے شہر کی رونق اور آن بان جو اِسے تاخت وتاراج کرنے آیا اُسے تخت پر بٹھایا، جس نے حملہ کیا اسے دولھا بنایا۔ حملہ آور فوجوں کو برات کے جلوس میں بدل دیا۔ جس دل میں دشمنی تھی اس سے عزیز داری کی۔ یاد کیا۔ پیار کیا۔ جوڑا دیا۔ گھوڑا دیا۔ جس ذہن میں بارود کی گندی بو اور خون کا تعفن تھا اُسے عطر مشک وعنبر سے بسایا، شیطان صفت کو فرشتہ خصلت بنایا، آدمیت کی راہ دکھائی، لڑائی نے جو کھیت اجاڑے ان میں باغ لگائے۔ قصرِ رفیع بنائے۔ صحن چمن، حوض، فوارے، تالاب، نہریں، اور ان میں نواڑے چلائے۔

پرتگالی سیاح اس کو ہیروں کا شہر جانتے ہیں۔ لوگ دکن میں سکونت کو پرسکون مانتے ہیں۔ جہاں کہیں کوئی ادبار اور سیہ بختی کا شکار ہوا، امنِ دکن کا طلبگار رہا۔ یہاں کب کسی نے کسی کو مایوس کیا۔ دشمن کو دوست بنایا، پیار سے، محبت سے،

خاطر سے تواضع سے۔ حسد و نفرت ابلیس کا حصہ ہے۔ اُنس و پیار انسان کا شیوہ ہے تہذیب کے اس گہوارے میں آداب و اخلاق، مروت و موَدت، رفاقت و محبت روزمرہ کا معمول بن گیا۔ اس نگری کا ہر شہری آداب و اخلاق پر صوم و صلواۃ کی طرح پابند۔ جس کی خلاف ورزی قابلِ تعزیر تو نہیں مگر ان پابندیوں کو توڑنا کسی کے بس کی بات نہیں۔

آج سب قدریں بدل گئی ہیں۔ الفاظ کے معنے کہیں سے کہیں پہنچ گئے ہیں۔ افلاطون نے سچ کہا ہے۔ انسان سیاسی حیوان ہے۔ انسان کو کامل ہونے کیلئے کئی ارتقائی مرحلے طئے کرنے ہوتے ہیں اور اس کی اولین شرط ہے نظم و ضبط۔ آذری ہو کہ مصوری خطاطی ہو کہ موسیقی۔ فنون لطیفہ اپنی مشروط پابندیوں سے ہی لطیف ہوتے ہیں۔ تال اور سُر کا ضبط راگ کو نکھارتا اور اسے موثر بناتا ہے۔ نئے دور نے نظامِ کہنہ تو ڈھا دیا مگر تعمیرِ نو کے نقوش اُبھار نہ سکا۔ ہمارے رسم و رواج، ہمارے طرز، ہماری روش، ہمارے عادات و اطوار، ہمارا معاشرہ، ہمارے طور طریقے، ہماری کہاوتیں پشت ہا پشت کے طویل تجربات کی تاریخ پر منحصر تھے۔

ہماری تعلیم، ہماری تربیت ہمارا سارا ماحول ادب آموز تھا، ہمارا گھر ہمارا رہن سہن کردار ساز تھا۔ ہمارے لباس میں آسائش بھی تھی اور آرائش بھی، ہمارے حرکات و سکنات، ہماری بات چیت، ہمارا لب و لہجہ، بزرگوں سے مراتب کا خیال ساتھیوں سے روابط کا لحاظ، چھوٹوں سے شفقت کا برتاؤ — ہمارا نصاب اساتذہ کے لئے نفع اندوز تجارت کی خاطر نہ تھا۔ نہ تصنع تھا نہ دکھاوا تھا، دل و زبان میں فاصلہ نہ تھا۔ جو جی میں تھا وہی جیب پر تھا۔ ہمارا سلوک اس چندن کے درخت کے مانند تھا جو کٹتے ہوئے بھی کلہاڑی کو خوشبو دے جاتا ہے۔ جتنا کٹتا جاتا ہے خوشبو بڑھاتا جاتا ہے۔ ہمیں سکھایا جاتا تھا کہ ہم دشمن سے بھی بھلائی کریں اور پیشانی پر بل آنے نہ دیں۔ ہم کو بتلایا جاتا تھا کہ اپنے اندر شجر ثمرداری کی صفت پیدا کریں کہ کوئی پتھر مارے تو اس کو پھل بخشیں۔ اس غریب کے پاس پتھر کے سوا کچھ بھی نہیں تم کو اللہ نے

صاحبِ ثمر بنایا ہے تو تم ثمر ہی دو' جو ڈالی بے بار ہو وہ اکڑتی ہے جو ثمر دار ہو وہ جھکتی ہے۔ عجز وانکسار پر ہی شرافت کا انحصار ہے۔ کیا امیر' کیا غریب، کیا چھوٹا کیا بڑا۔ سبھی اپنی شاندار روایتی تہذیب کے امین تھے' علمبردار تھے۔

ولی قلی' میر و پیر' گیسو دراز خواجہ یا شاہ قتّال راجہ سبھی نے اس سرزمین کو تقدّس بخشا اور اس دھرتی کو تیرتھ بنا دیا۔

چارمینار

محرم ختم ہوئے ڈیڑھ ماہ ہو چکا ہے۔ آج بھاگیہ متی حیدر محل کی سالگرہ ہے ہر طرف رنگ رلیاں منائی جارہی ہیں۔ چارمینار میں اللہ یار خاں روہیلے نے چارپائی پر کھانستے ہوئے حقے کی چلم میں گڑاکو بھرا' آگ ٹھیک کی مگر پانی کی بوچھار اور سردی نے انگاروں کو راکھ کی گود میں لٹا دیا۔ حقہ تازہ نہ ہو سکا۔

اماوس کی کالی بھیانک رات ہے۔ ساون کی سیاہ گھٹا ہے کہ برسے ہی جارہی ہے جانو آج برس کر پھر کبھی نہ برسے گی۔ موسلا دھار بارش نے ایک عجیب سا سناٹا باندھ رکھا ہے۔ دندناتی ہوئی بدلی' گرج برس کر تھوڑی دیر کے لئے تھمتی ہے تو رِم جھم کے ساتھ شمالی کوٹھوں پر پائل کے گھنگروؤں کی جھنکار اور طبلے کی تھاپ عجیب رنگ جماتی ہے۔ کہیں استاد کے ساتھ ریاض ہو رہا ہے تو کوئی اپنی فن کاری سے اپنے دلربا کو رِجھا رہا ہے۔ لنتر ہانڈی' کنول سب روشن۔ کھڑکیوں کی درازوں سے روشنی کی کرنیں اندھیرے کو چیرتی ہوئی نکل رہی ہیں۔ سارنگی پر کہیں گت بج رہی ہے اور کہیں رقص و سرود میں مست' ساز اور سُر کی ملی جلی دُھن نے راگ کو سچ مچ کھڑا کر دیا ہے۔

سنتری نے بارہ کا گجر بجایا۔ اُدھر دولہ رائے کی ڈیوڑھی پر نوبت جھڑنے لگی۔ نئے چی نے مالکونس چھیڑا۔ ایک سماں بندھ گیا۔ گھنگرو کی جھنکاریں ڈوبنے لگیں۔ مُر اور بول مدھم پڑنے لگے۔ موم بتیوں کی روشنی دھیمی ہونے لگی۔ جھام سنگھ کمندان اور عسلی بن کار باری گردِ مبارک کو نکلے۔ شاگرد پیشہ چھتر کھولے' مشعلچی مشعلیں لیے روشن چوکی بجتی ہوئی' بسنتی بنگلے کی طرف سے آکر جلو خانے کی طرف مڑ گئے

بارش نے پھر زور پکڑا جیسے راجہ اندر کہیں دوڑا دوڑا جا رہا ہے۔ بادل کی گرج، بجلی کی کڑک اور چمک ایک طوفان بپا تھا۔ چار کمان کی بغل میں جامع مسجد کے روبرو لچھمی نارائن کا مندر اور مہادیو کا شوالہ ساتھ ساتھ تھے، وہیں کہیں برستے پانی میں اچانک شعلے بھڑکے جیسے آسمان پر لپکتی بجلیوں کو پکڑنے کے لیے دوڑ رہے ہیں۔ پھر اندھیرا گھپ ہوگیا، قصاص کے گورکھ املی کے درخت پر الو نے پر پھڑپھڑائے الوک الوک کی ہوک اٹھی اور وہ اڑ گیا۔ کچرے کے گوڑھے سے ایک مجذوب اٹھے کمبل اور کشکول لیے نصف قد تک خمیدہ، عجیب سی مخلوق اور مکہ مسجد کی جانب چل پڑے اس طرح جیسے ایک ڈھیرہ ایک بے سر کا دھڑ سرکتا جاتا ہے۔ اسی وقت ایک مست ہاتھی زنجیر پٹکتا آنکلا، کاکا اللہ یار خاں نے کھٹائی سے اچک کر بھالا سنبھالا، تلوار کی رسّ کھول لی۔ ہاتھی جسم سکیڑے آنگ چرائے جوہری گلی میں پلٹ گیا۔ مہاوت۔ فوجدار نے، آنکس، برچھے، سانٹے لیے مشعل کے ساتھ پیچھا کیا۔ کاکا نے کھانس کر کہا۔ اللہ خیر گزشت اور گل مونچھ کھجاتے، کھٹیا پر آبیٹھا۔ ایک حسین نازنین لال لہنگا، گوٹا، کناری سے سجا سجایا جھالر ٹلو کا دنڈیا اوڑھے، ماتھے پر جڑاؤ بندیا ٹیکہ، مانگ میں سیندور، آنکھوں میں کاجل، ہونٹوں پر دھڑی جمائے پیشانی پر بجلیاں چمکاتی، ہاتھ میں سونے کی تھال موتیوں سے بھری، چومنکا دیا روشن، بے باک، مشرق کی سیڑھیوں سے چڑھتی چلی آرہی ہے۔ کاکا پر غنودگی سی چھانے لگی۔ جوں جوں وہ نزدیک آرہی تھی اس کے نک سک زیادہ واضح ہو رہے تھے، پازیب میں بہت سارے گھنگرو، ہاتھ اور پاؤں میں مہندی رچی، کمر پر سونے کی زنجیر پڑی، چومکھے کی روشنی میں بازو بند اور کنٹھے کے ہیرے جگمگا رہے تھے۔ نگوں اور جواہرات کی کرنوں سے ہار کے موتی دھنک کا سا رنگ بدل رہے تھے۔ کنگن، جڑاؤ پہنچیاں پہنے، چوڑیوں سے جواہرات کی کرنیں تڑپ تڑپ کر نکل رہی تھیں، دیوی آگے بڑھی چلی آرہی تھی وہ مشرق سے سیدھے مغرب اور سیڑھیاں چڑھ چکی تو کاکا نے قرابین اٹھالی اور چراغ سے فتیلہ جلایا۔

"خبردار آگے قدم رکھا تو" اللہ یار خاں چیخا' اس کا ہاتھ کانپ اٹھا ہوا کے تیز جھونکے اس نازنین کا دیا نہ بجھا سکے تھے۔ بارش سے اس کے کپڑے بھیگے نہ تھے۔ خان کچھ بڑبڑانے لگا۔ پوچھا "تو کون ہے؟" جواب ملا۔ "میں لچھمی ہوں' اس پیار کی نگری میں بسنے آئی ہوں' اب یہاں میرا استھائی ہوگا۔ بھاگیہ نگر میں"۔ خان نے پوچھا۔ "پروانہ ہے؟" "جا اپنے مالک سے پوچھ آ" اس نے جواب دیا۔ کاکا نے کہا "مجھے چکمہ نہ دے۔ میرے آنے تک کیا کیا کر چلی جائے گی"۔ دیوی نے کہا "میں بچن دیتی ہوں' تیرے واپس آنے تک یہیں رہوں گی"۔ کاکا نے کہا۔ "رے تربا چا تیرے واپس آنے تک میں یہیں رہوں گی" ہاتھ پر ہاتھ مارتے ہوئے۔ "ایک۔ دو۔ تین"۔ میں یہیں رہوں گی"۔ خان کو ایسا محسوس ہوا کہ کوئی لطیف شئے اس کی ہتھیلی کو چھو گئی اور بس۔ "اچھا تو میں اجازت لے آؤں"۔ "ہاں صرف اپنے مالک سے اور کسی کے آگے زبان کھولی تو اچھا نہ ہوگا تو بھیگے گا کبھی نہیں' سیدھے چلا جا" اپنا تیغہ اٹھا' کاکا' خلوت مبارک آ پہنچا۔ ڈنکے پر چوٹ دی۔ بادشاہ سلامت جھروکے میں برآمد ہوئے۔ "کون فریادی ہے کیا کہتا ہے"۔ اللہ یار خان نے سارا ماجرا کہہ سنایا۔ جہاں پناہ کا ارشاد ہوا۔ یہ سب بکواس ہے ہزیان بکتا ہے"۔ کاکا نے دونوں ہاتھوں پر تیغہ اٹھایا۔ سر سے اونچا اٹھا۔ پیش کیا۔ "غلام کی کیا مجال جہاں پناہ کے آگے جھوٹ بولے" بادشاہ نے تیغہ لے لیا اور اللہ یار خاں کا سر قلم کر دیا۔ "نہ یہ یہاں سے جائے اور نہ وہ وہاں سے جائے"۔ ہمیشہ میرا شہر خوش حال رہے' مالا مال رہے"۔ بادشاہ خلوت میں چلا گیا بادل چھٹ گئے' تارے فلک سے جھانکے' کیا جانے کیا دیکھا۔ صبح ہوئی' باڑوا ٹکسال کا صرافہ اور بازار بند ہے۔ چار مینار کی مشرقی سیڑھیاں' فرمانِ شاہی سے توڑ دی گئیں۔ اردو سے کاروان تک چہل پہل ہے۔ راستوں میں میانوں اور پالکیوں کی دھوم' ہاتھیوں کے گھنٹوں اور رتھوں کی گھنٹیوں سے کان پڑی آواز سنائی نہیں دیتی۔ گلاب خند کی چاندی کی کھیپ ٹکسال پہنچ گئی۔ آج پہلی بار سلطان شاہی کی ٹکسال میں دکنی سکہ

ڈھل رہا تھا۔ سمستان، ایک ونیم از حق تسکیک، داخل کرکے اپنے سکے ڈھلوانے لگے —— اب سے دُور، بُری نظر بھی بلا ہوتی ہے، قطب شاہی سلطنت کو نظر لگ گئی۔ قلعہ گولکنڈہ کا مغلوں نے محاصرہ کرلیا۔ دیکھتے ہی دیکھتے پریم اور محبت کی فضا خوف و دہشت میں بدل گئی، پیار کی نگری میں جہاں عشق و مشک مہکتے، جہاں قصر تانا شاہ میں، تان، سُر، لے، تال سے بھرپور فضا نے مسرتوں کی بارش کر رکھی تھی، وہاں جنگ و جدل، آہ و بکا، کرب وزاری —— ایک ماتم بپا تھا۔ غم کی تاریکی چھائی ہوئی تھی۔ اورنگ زیب کی صف شکن سے گرجتے ہوئے گولے بالاحصار کی سیڑھیوں کو چھو کر ٹھنڈے ہو رہے تھے۔ گولکنڈہ میں عورت مرد سب اپنے ہتھیار سان پر چڑھانے آگے چلے جا رہے تھے۔ فتح دروازہ کے کونے میں ایک موچی پاپوش دوزی میں محو و منہمک تھا۔ اکنّا، مادنّا نے بھی قلم چھوڑ تلوار سنبھال لی تھی۔ وطن کے ناموس کی حفاظت ہر ایک کو کرنا ہی تھی عبدالرزاق لاری مورچے پر ڈٹ گیا۔ بارش نے نقشہ بدل دیا۔ ڈیرے، تنبو اور راؤٹیاں اکھڑ گئے، قریب تھا کہ مغلوں کے پیر بھی اکھڑ جاتے، اور ہوا کے تند جھونکے میدان جنگ میں فتح و شکست کا رخ بھی بدل دیتے۔ نامپلی کی طرف ایک ڈیرا ایسا بھی دیکھا گیا جس میں دو بزرگانِ دین مصروف تلاوت قرآن تھے اور آندھیوں میں چراغ جل رہا تھا۔ شہزادہ محمد اعظم، فتح گولکنڈہ کے لیے دعائے اولیا چاہتے تھے حضرت بزرگوار نے پاس پڑی ہوئی ایک ٹھیکری پر کوئلے سے کچھ لکیریں کھینچ دیں اور فرمایا فتح دروازے کے اندر غلیل سے پھینک دو، صبح مغلوں کی فوج نے آخری دھاوا بول دیا، موچی اپنی ڈولچی لے، ٹھیکری اس میں ڈال پہاڑیوں میں چلا گیا۔ عبدالرزاق لاری پر ایک کیفیت طاری تھی۔ اللہ یار خان کی رُوح، سید عبدالکریم سپاہی میں تحلول ہوگئی جس نے شہر کی خوشحالی کے لیے لچھمی کو چارمینار میں روک رکھا تھا، آج پھر ایک بار اسی خوشحالی کی حفاظت کے لیے مرنے مارنے پر تل گیا۔ کئی سورما موت کے گھاٹ اتارے گئے۔ محمد اعظم شہزادے کی تلوار نے پھر ایک بار

گولکنڈہ کے سپاہی کا سرتن سے جُدا کردیا۔ عبدالرزاق لاری گرفتار ہوا۔ چارمینار پر لچھمی کا رقص تھم گیا۔ اُس کو پازیب کی تنگی محسوس ہورہی تھی، ٹکسال سلطان شاہی سے دارالشفاء منتقل ہوگیا ملک میں عالمگیری کا چلن ہوگیا۔ محمد اعظم کو مراد محل ملا۔ پیار ملا، محبّت ملی۔ پہرے دار سپاہی کو پیار کی داستانیں سنائی جانے لگیں۔ صوفی پیار اور ایثار کی مثنویوں میں مجازی محبت سے حقیقی محبت کا اشارہ دینے لگے۔

سارے ہند میں فرنگی رنگ جھلکنے لگا۔ حیدرآباد بھی فرنگیوں کی دستبرد سے نہ بچ سکا۔ سونے چاندی کے زیورات جہاں ہاتھی گھوڑوں کو پہنائے جاتے تھے۔ جس کی ندیوں میں کنکر بھی ہیرے تھے، اس دیس میں لچھمی کے پائں کی جھنکار خوش حالی کی ضامن ہو، جہاں رزیڈنسی والی کمپنی کی حکومت حفاظت کے نام پر سارا دیس ہڑپ کرنے کی نیّت رکھتی ہے وہاں کے خود دار شہزادے مبارز الدولہ کیسے برداشت کرسکتے۔ بغاوت کی طرّہ باز خان نے، ہبیت رائے کو ساتھ لے کر انگریزوں کی کوٹھی پر حلہ بول دیا کہ لچھمی اس دیس میں ملول نہ ہو۔ اس پیار کی نگری میں توپ و تفنگ کی دھاں دھوں سے دھاندلی نہ مچے۔ اپنی تلوار سونت لی، یاروں نے دغا کی۔ آصفی تلوار نے طرّہ باز خان کا تن سر سے جُدا کردیا۔ اللہ یار خاں اور عبدالکریم لاری نے اپنے دیس کی خوش حالی کے لیے سب کچھ نثار کردیا تھا۔ پٹرک حشمت جنگ کو بیگم نے محبّت کا درس دیا ـــــ مشرق کا درس مغرب کے نام ـــــ کُنداسوامی نے سالار جنگ سے ذکر کیا کہ اب دکن میں کلدار چلے گا۔ سالار جنگ پر ایک کیفیت طاری ہوگئی۔ عالم غنودگی میں دیکھا، لچھمی، بھاگ متی اور مراد محل کے کاندھوں کا سہارا لیے ملول سی کھڑی ہے۔ حشمت بیگم سے کہہ رہے ہیں قطب شاہی داستان پھیکی نہیں پڑے گی۔ چلنی سکّے کے بجائے حالی سکّہ چلے گا۔ ۱۲۷۵ھ میں ٹکسال، دارالشفاء سے حسین ساگر کے کنارے منتقل کردیا گیا۔ سکّے پر چارمینار کی ضرب بڑی چارمینار کے نقوش اُبھرے۔ چاندی میں کھوٹ ملی، روپے کی جھنکار میں سُر بگڑے روپیہ کے نام بٹا، سٹا، چکلہ، پہوٹا، کڑا، چمکا، سلیٹ، سب مٹ گئے، کھوٹ

چھٹ گئی۔ لچھمی کے پائل پھر بجنے لگے۔ شہر میں دیوالی بڑی دھوم دھام سے ہوئی۔ سارا شہر لچھمی کا مندر تھا۔

سر مرزا اسماعیل کے جمالیاتی ذوق نے چارمینار پر لچھمی کے درشن کیے چارمینار میں حوض جو پاٹ دیا گیا تھا پھر پر آب ہوا۔ فوارے کی دھاروں پر برقی رنگین شعاعیں پھینکیں۔ دفعتاً ایک بار اس فوارے کی سرخ دھارا سے اللہ یار خان کا خون چھلکا۔ گولکنڈہ کے بہادر سپاہی اور حکومت کے غدار باغی کا خون فوارے سے بوند بوند ٹپکتا ہوا دیکھا گیا۔

تلوار کا تجربہ ناپسندیدہ قرار پایا۔ شعیب اللہ خاں نے قلم سنبھالا۔ رات کی گھنی تاریکی میں کالے کرتوت اس کے خون کے ذمہ دار ہوئے۔ کسی نے پریم کے آنسو خون کے گھونٹ پی کر چپ سادھ لی۔

پولیس ایکشن ہوا۔ بٹن چرو کے شاہی ایوان میں ملٹری گورنر جے۔ این چودھری صوفے پر تھک کر چور بیٹھا ہے۔ آنکھیں جھکیں، غنودگی کا عالم۔ بھاگیہ متی مراد محل بیگم حشمت کو لیے انگڑاتی آئی، پازیب کی کڑیاں تنگ ہو گئی تھیں، قدم اٹھانا مشکل ہو گیا تھا، پاؤں میں نقرئی زیور کی جگہ اس کے زخموں پر رنگین کاغذ کی پٹیاں چپکی تھیں۔

تم جانتے ہو میں تمہاری واپسی کا کب سے انتظار کر رہی ہوں۔ اس پریم کی نگری میں خون خرابہ کیا۔ کوڑیوں سے لے کر موتیوں تک میرے کھیل کے چوپے ہیں۔ میرا دینکیش کب سے نہیں ملا۔

چودھری، حالتِ غنودگی میں گنگنانے لگا۔ لاؤ وہ سب تیغہ تلوار ہتھیار واپس کر دو۔ اب شاہی تلوار سپاہی کا خون نہیں کرے گی۔ نہیں، نہیں، نہیں لچھمی کہیں نہیں جائے گی۔ آنکھ کھلی، کیا دیکھتا ہے، کرنل اعظم جاہ اپنی کرچ پیش کر رہے ہیں۔ چودھری نے آصفی تلوار کو نیام کیا۔ اعظم جاہ بہادر کو گلے لگا لیا، کس کی شکست، کس کی فتح۔

ٹکسال، حسین ساگر سے ناسک چلا گیا، سکے پر چار مینار کی جگہ اناج کی بالیاں اُبھر آئیں۔ اب راس کماری سے ہمالیہ تک سارا ملک لچھمی کا کنول بن گیا۔

چار مینار کے سائے میں

لال میں لال بہاری لال، رنگین خیال، ذہنی کمال، بے مثال، حالاتِ حاضرہ سے گدائے بے گلیم، طبیعت سے شہنشاہِ ہفت اقلیم، مزاج کے سلیم، پیشے سے حکیم، وزیرِ دکن شہاب جنگ کے مصاحب، اپنی رائے کے صائب، عیشِ دنیا سے تائب، استادِ عصر حضرتِ فیض سے رموزِ فیض حاصل کیے، رمز تخلص رکھا۔ وطن کا شیدائی، دکن کا فدائی، حالتِ جذب و کیف میں فرمایا ؎

عاشق نہیں دنیا میں کسی رشکِ چمن کا ✤ گل خوردہ ہوں میں عارضِ سبزانِ دکن کا

اندازِ حورِ خلد کا مشہور ہے مگر ✤ آتی نہیں ہے دلبرِ ملکِ دکن کی بات

آپ چار مینار کی بات کر رہے ہیں، زندگی سے پیار کی بات کر رہے ہیں۔ بھمتی کی بات شہر کی خوش حالی کی بات، بی بی فاطمہ کے علم اور طغروں کی بات، تعزیے اور تابوت کی بات، قربانی اور ایثار کی بات، نور کی بات، مینار کی بات۔ اسی کے سائے میں محبت کے سرمائے میں، مالکِ غمِ انبوہ، حالِ دلِ پرشکوہ، خوش نویسوں کا ایک گروہ زندگی کے دن گزارتا، اتا پتہ پوچھیے تو ایک بزرگوار بڑے فخر سے فرماتے ــــ ملازم پروردگار متعینہ چار مینار، منور رقم، روشن قلم، روشنائی سے سیاہ لکیر کھینچ دیں تو تنویر کی تصویر کھینچ دیں آنکھوں کو بصارت بخشیں، دل کو اجاگر کر دیں، الف لام میم لکھ دیں تو نوک پلک ایسی بنا دیں کہ دل کی آنکھیں کھل جائیں۔ اندھیرے روشن ہو جائیں۔ کسی کی درخواست لکھنا ہوتا تو پہلے اللہ کا نام لکھتے پھر غرضمند کی حاجت قلم بند فرماتے ۔ پہلے دعا پھر مدعا ۔ اہلِ غرض کا عقیدہ تھا کہ وہ عرضی لکھ دیتے

تو مقصد برآری ہوجاتی۔ اسی زمرے میں ایک اور بزرگوار کا حکم تھا کہ "اَلْخَطُّ نِصْفُ الْعِلْم" خوش نویسی اور خطاطی کو اشرف الفنون مانتے۔ حُسن کاریِ حروف کو عبادت جانتے اور مشقِ خط کو ریاض بنتے کہ یہی ذکر و فکر کا منبع ہے۔

چار مینار تو، نقشِ وفا تاج محل سے بیس سال پہلے بن چکا تھا۔ بالائی منزل پر مسجد بھی، مکتب بھی۔ علم و ادب کا نور پھیلا، حق و صداقت کو جلا ملی۔ مؤذن نے تعزیہ نما چار مینار کے منبر سے دعوتِ شہادت دی۔ اشہد اللہ، کیا خیر الفلاح ہے نماز سے فارغ ہو، کشمیری کاغذی قلمدان، نقش و نگار سے مزین قلم، چند بد نال کے، چند برو کے، ایک دو دار چینی کے۔ کچھ [illegible]ف، کچھ محرف، چند خفی، چند جلی، ہاتھی دانت کا قط زن، یا پھر بانس کی پیٹھ کا یا بدے کا۔ ایک کپڑے کی چندی سیاہی کے دھبوں سے گلنار، اسی سے قلم کی زبان صاف کرتے اور ایک چمچہ۔ ایک ڈوری کا سہ رخی چھینکا جس کے تین طرف دوات گلی کے گوشوں سے بندھی، مٹی کی یا پھر پیتل کی، سفوف ایک چھوٹی شیشی میں سیاہ روشنائی ایک قلم تراش اور تیز کرنے کی ایک سلی۔ چھوٹی قینچی بند کاٹنے کے لیے۔ کان میں قلم، سر پر شملہ لپیٹے یا دو پلی لگائے یا پھر سر پر کوئی بانکی ترچھی ٹوپی مگر معاملے کے سیدھے۔ تاگے کے ڈور میں بندھی پیلی عینک ناک کی نوک پر کاغذ سے نظر اٹھا کر کسی طرف دیکھتے سر جھکا کر۔ آنکھیں چڑھا کر عینک سے باہر۔ بدن پر بارہ بندی اوپر سے چو بغلا یا ڈغلا (دو گلا) رومال کبھی کاندھے پر کبھی بغل میں۔ اس کا نام ہرکارہ، چہرہ اسی سے صاف ہو، بیٹھک اسی سے جھٹک لیں، فرش وہ، تکیہ وہ، چادر وہ، اوڑھنا بچھونا وہی، وہی لنگی وہی کمر بند، وہی سودا سلف باندھ کر گھر لے جانے کا کام دیتا۔ اکڑوں نشست میں کمر سے پاؤں ایسے لپیٹ لیتے کہ بیٹھے بیٹھے آرام کرسی پر لیٹنے کا لطف اٹھاتے۔ جب کوئی گاہک یا اہل غرض نہ ہوتا تو وصلیوں پر مشقِ حروف کرتے رہتے۔ ہر حرف کو اللہ کے نام کا سر حرف جانتے تھے۔

حیدرآباد کے دیوان خانے

بے عیب ذات خدا کی۔ جاگیردارانہ نظام میں ہزار عیب سہی مگر سرمایہ دارانہ نظام کے مقابل اس میں لاکھوں محاسن تھے۔ جاگیردار کے پیچھے جاگیردار کی وضعداری اپنی طویل تاریخ رکھتی ہے۔ حیاتِ انسانی کی تاریخی تدریجی ترقی میں جاگیردارانہ نظام ابتدائی منازل میں سے ایک ہے۔

ٹاٹسٹائی کے گاؤخانے میں دودھ کی خاطر ہی سہی مگر چارے کی کمی نہ تھی' بچھڑے کے منہ پر چھینکا ضرور باندھا جاتا تھا مگر اسے بھوکا نہیں رکھا جاتا تھا۔ خاردار تار کی باڑھ کی وجہ سے وہ باہر آزادانہ گھوم پھر نہ سکتا تھا مگر درندوں کا ڈر بھی نہ تھا۔ واکٹیر کا دھنگر اپنی بھیڑوں کا اون ضرور اتار لیتا تھا لیکن پھر سال بھر انھیں بھیڑیوں سے بچائے رکھنے کے لئے خود بھیڑ بنا پھرتا تھا کہ آئندہ سال اون کی فصل پھر کاٹ سکے۔ مگر وہ جلالی کا قصاب نہ تھا جو بال کھال' گوشت پوست' ہڈی پسلی اور فضلہ تک بیچ کھاتا۔

رحم بر جانورانِ بے زبان کا سوال ہی کیا وہ تو اپنے نفع پر جان دیتا اور جان لیتا۔

عہدِ حاضر میں ہمارے سماج کی مثال اس نوجوان کی سی ہے جس نے اپنے موروثی قدیم مکان کی چھت نئے ڈیزائن پر بنانے کے لئے ڈھادی اور پھر آرسی سی کی نئی چھت بنانے کی استطاعت نہ ہوی۔ ہمت ہار بیٹھا' موسم بدلا' بارش آئی' حشرات الارض نے سر نکالا دیوار میں درازیں پڑگئیں اور درازوں میں سانپ بچھو آبسے' اب زندگی حرام ہے نہ پائے ماندن نہ جائے رفتن۔ پرانا سماج تو ڈھا ڈالا مگر نیا سماج بنا نہ سکے۔ جو تھے انقلاب کے رہنما وہی انقلاب سے ڈر گئے۔ کیا کیا رنگ بدلے' سرخ انقلاب' ہرا انقلاب اجلا انقلاب۔ اندھیروں میں نغموں کی دھن بسائی۔ تاریخ گواہ ہے' انسانی معاشرے کو بلند کرنے میں حیدرآباد نے کیا کچھ نہیں کیا۔ انسانی رفعت ہمارے معاشرے کی رہین منت ہے۔

انھیں معاشرہ ساز اجزا میں ہمارے دیوان خانے ایک اہم مقام رکھتے ہیں یہی تادیب و تربیت ضبط و نظم اور اخلاق و کردار بنانے والے مرکز تھے۔ ایسے ادبی، تہذیبی، تمدنی، ثقافتی معاشرتی مراکز بنتے بنتے، بنتے ہیں۔ اس کے لئے سازگار ماحول، اعلیٰ کردار کے نمونے، شان و شکوہ جاہ و جلال، ایثار، رواداری، انسان دوستی، حق پرستی، سب کچھ درکار ہے۔ ادیب کا قلم فلسفی کا فکر، امیر کی وضعداری، گلوکار کا ترنم، مصور کی رنگین لکیریں، موئے قلم کی جنبشیں، فن کار کے فن و جدت کی حوصلہ افزائی، دانشوروں کا تدبر، صحت مند فضا، سبھی چاہیئے تھا۔ اور یہ سب بیک وقت ہمارے دیوان خانوں میں موجود تھا۔ جاگیردارانہ آثار قدیم میں سلطنت آصفیہ، عہد مغلیہ کی یادگار، بہمنی کا ٹوٹا پنجۂ زریں، ساری ثقافت حیدرآباد میں کھنچ کر آ گئی تھی دلی لٹی، تو مامن امن حیدرآباد۔ شام اودھ ڈھلی تو حیدرآباد ہی نے شب نغمہ سنواری۔ صبح بنارس چپ ہوگئی تو حیدرآباد ہی نے بھگتی کے بھجن گائے، ٹیپو کی سلطنت خداداد سپرد بیداد ہوئی تو حیدرآباد فرخندہ بنیاد آباد ہوا، مرہٹوں کو مالی، نہوانی کا آشیرواد نہ ملا تو حیدرآباد کی گود کھلی تھی، انسانیت کی ساری خوبیاں حیدرآباد میں مرکوز ہوگئی تھیں۔ ملک کے طول و عرض میں تہذیب کی پناہ گاہ صرف ایک تھی اور وہ تھا حیدرآباد جس کا اپنا سکہ تھا، اپنا ٹپہ تھا، اپنی ریل تھی، اپنی زبان، اپنی جامعہ، اپنی تہذیب، اپنا تمدن، روایتی وضعداری، خاطر تواضع مدارات کی عادت وراثت میں ملی تھی۔ خوش خلقی گھٹی میں پڑی تھی۔ بے مثل شان و شکوہ، جہاں دن عید رات شب برات، خوشیاں بہانہ ڈھونڈتی تھیں، ہاتھی گھوڑوں کو بھی منوں چاندی کے زیورات سے سجایا جاتا تھا، سرکار دربار ہو یا کوچہ و بازار، محفل رقص و سرود ہو یا محفل عزا، جلوس ہو یا لنگر، جشن ہو یا تقریب، مشاعرہ ہو یا قوالی عرس ہو کہ جاترا، راگ رنگ کی محفلیں ہوں، یا مجلس غم و ماتم، کھیل تماشا، عید تہوار، ہاٹ گھاٹ غرض ہر جا آداب و اخلاق، عدل و انصاف، خلوص و محبت، امور مملکت ہوں یا معاملات سیاست مسائل خانہ داری ہوں یا مراتب شہریاری۔ ہر جگہ رکھ رکھاؤ اور اخلاص و مروت، قومی کردار سازی کا سرچشمہ تھا۔

حیدرآباد کا دیوان خانہ ———— سیرت و کردار کی مہریں دیوان خانے میں ڈھلتی تھیں۔

تعلیم تسلیم تھی، تدریس میں تحریص نہ تھی۔ ہمارے آداب کے ضامن ہمارے دیوان خانے تھے۔

دیوان سے مراد مقامِ مشاورت۔ دربار۔ جائے عدل و داد۔ اسی نسبت سے دیوان کے معنے ہوئے وزیر باتدبیر دیوان اس کو بھی کہتے ہیں جس میں کسی شاعر کا کلام تہذیب دیا جائے۔ غزلیں قافیہ وار بہ ترتیبِ ردیف بہ لحاظِ ابجد اکٹھی کی گئی ہوں۔ اجلاس، رعایا کے جمع ہونے کی جگہ، کچہری جہاں بادشاہ داد رسی کرے۔ درباری بادشاہ کے حضور میں جمع ہوں دیوانِ عام اور جہاں، جہاں پناہ اُمرا و خواص سے مشاورت فرماویں دیوانِ خاص، اشلہ تہذیب ہوں یا دفتر میں تدوین ہوں عرض مُدوّن، مہذب اور مرتب مترادفات ہیں۔ انصاف رسانی اور اعلیٰ کارکردگی کے لئے نظم و نسق اور ضبط و ادب ناگزیر ہوتا ہے۔ دربارِ شاہی میں وزرا آداب مراتب کے پابند ہوتے ہیں امرا کی نشست گاہ، مقامِ ملاقات دیوان خانہ کہلاتا ہے۔

دیوان خانے کی تعمیر کا بھی خاص انداز ہوتا تھا۔ بڑے بڑے کشادہ دو یا تین دالان در دالان پیش دالان، اونچے اونچے گاؤ دم ستون پر کہیں منقش چھت، دو منزلہ کے برابر بغل میں دونوں طرف دو منزلہ کمرے، اوپری منزل محلات سے وابستہ اسی سطح پر چھجے دار، ایک زنان خانہ۔ پیچھے دیوان خانے سے متصل بھی ایک زنانہ حصہ۔ محلات کا اس عمارت سے اتصال احتیاط اور آداب کا متقاضی ہوتا۔ ہوادار دالان کی تین یا پانچ یا سات کمانیں اور انکے نگارین کھمبے۔ صحن میں نہر اور نہر میں آبشار، ان کے آگے روشیں۔ حوض، فوارہ انکی وسعت و آرائش حسبِ مقدور ہوتی تھی۔ دالان میں قدِ آدم آئینے جو ہماری بے راہ روی پر ہم کو ٹوکتے۔ آئینہ پیش اصلاحِ خویش۔ شطرنجی پر چاندنی کا سفید فرش۔ احتیاط اتنی ملحوظ کہ داغ نہ شکن۔ سل نہ آنے پائے۔

آپ اس کو نری فرش کی بات جانتے ہیں مگر یہ ہمارے مزاج کی نفاست پسندی تھی دوسرے الفاظ میں، احتیاطِ فرش مزاج بہ عرش ہوتا۔ دیوار سے گاؤ تکیہ۔ شہ نشین سے متصل قالین۔ زمانے کا تقاضا، روشنی قدیم وضع کی چھت سے بلوریں کنول آویزاں دیوار گیریاں بھی بلوریں جھاڑوں سے نور کی کرنیں کتنے زاویوں میں پھوٹتی نکلتیں۔

اسی جا روز کی بیٹھک، اسی جا آداب کا لحاظ۔ یہیں چھوٹے بڑوں کو آداب بجا لائے اور اسی جا بڑوں نے چھوٹوں کو نصیحتیں کیں۔ اسی جا حضرت نے روزانہ درس دیا۔ پنجشنبہ کو آموختہ

سنا۔ سبق پڑھایا، افق چڑھایا۔ اسی جا خطّاطی کی صلاح ہوی۔ اسی جا وصلیاں گھِسیں۔ عیدیں آئیں، عیدیاں ملیں۔ یہاں شطرنج بچھی، یہاں چنگارانی۔ اخلاق آموز قطعات بقولے تصاویر میں دیوار پر آویزاں۔ اسی جا مشاعرے اسی جا بیت بازی۔ اسی جا پہیلیاں بوجھیں کرانیاں سُنیں، ڈھکوسلے ہوئے، فن کار کی سرپرستی بھی اسی جا، موسیقی کا ریاض، مصوری میں مشق، شہ کاروں کی نمائش، سب اسی جا۔ یہیں مہمانوں کا استقبال ہوتا یہیں عید ملتے۔

چوٹی کے امراء اسی ڈھب کی بڑے پیمانے پر بارہ دری رکھتے تھے۔ شہر میں معزز کہلانے کے لئے دیوان خانہ ضروری تھا۔ رؤسا اور امرا کے دیوان خانے تو تادیب خانے ہوتے ہی تھے مگر سماج کو اُبھارنے اور سنوارنے کے لئے متوسط گھر کا دیوان خانہ بھی بہت اہم خدمات انجام دیتا تھا۔

آئیے، سرِ راہ ایوانِ شاد سے ہوتے چلیں۔

مُہماتِ سلطنت کا مدار، ظِلّ اللہ کے نام پر مدار المہام کے ہاتھ میں ہوتا تھا۔ مہاراجہ کشن پرشاد یمین السلطنت شاد ایسے ہی دور کے مدار المہام تھے۔ سچ فرمایا سلطان العلوم نے "اِس بساط کے آخری مُہرے تھے مہاراجہ" مدارالمہامی کافی اہمیت رکھتی تھی۔ سیاسی نقطۂ نظر سے بھی اور ثقافتی اعتبار سے بھی۔ صدارتِ عظمیٰ کی شان کچھ اور ہی رہی، نئے دور کی تعمیر نئے تقاضے، نئی پود، نئی داغ بیل، نظم جمیعت برخاست، نوبت یہاں تک پہنچی کہ شہنائی موقوف، نقار خانے خاموش۔ نقیب میٹھے خواب کی گود میں سو چکا تھا البتہ، سحر کے وقت چار بجے بیداری کی، دن کے بارہ بجے آرام کی اور آٹھ بجے شب کو توپ داغی جاتی جو رعایا کو وقت کی آگاہی بخشتی۔ مہاراجہ کی مدارالمہامی اور صدارتِ عظمیٰ کے درمیانی وقفۂ فرصت کی ایک جھلک ایوانِ شاد میں دیکھ لیجئے۔ مولا علی کا عرس، لنگر پلی کا میلہ، الوال کی جاترا، رزیڈنٹ کا ایٹ ہوم اور بلارم کے بال ڈانس کے چرچے ابھی باقی تھے۔ راجہ چندولال کی خیرات میں لوٹتے ہوئے شہر کو سالار جنگ کے تدبّر نے سنوارا تو اس کا ثمرہ مہاراجہ نے پایا۔ دیوڑھی کے پردے پر پور بھیا نے چھ کا گجر بجایا۔ راجہ پلٹن کی باقاعدہ سپاہی نے پہرہ بدلا۔ تاج محل، خانہ باغ، آئینہ خانہ، شادی خانہ، ہر جا چہل پہل شروع ہوگئی۔ بیلے کی طرف فقیروں، ساز دعووں کے جھنڈ لگے ہیں۔ "بھیج بھیج — میرے راجہ بچے والے راجہ تو سلامت۔ میرے داتا تیری بلا دور، قدمِ درویش ردِّ بلا"—

نواب بہادر یار جنگ ' نواب ماندور خاں ' راجہ نرسنگ راج بہادر عالی ' محبوب راج غبار صاحب منتظر ہیں کہ مہاراجہ برآمد ہوں۔ ان دنوں پنڈت رتن ناتھ سرشار چندو لال کی بارہ دری میں رہتے تھے۔ مغل پورہ میں راجہ مکھن لال کی دیوڑھی خریدلی تھی اس میں مہاراجہ کے خسر موہن لال ہیرالال فروکش تھے۔ ایوانِ شادکے چینی خانے میں دفترِ پیشکاری اور مطبعِ محبوبیہ پیشکاری قائم تھا۔ راجہ ہیرالال مہتمم مطبع تھے۔ مہاراجہ کی اکثر تصانیف رسالہ " دبدبۂ آصفی " اور " محبوب الکلام " سرشار کی ادارت میں اسی مطبع سے شائع ہوتے یہ مطبع سرشار کے لئے قائم کیا گیا تھا۔ اس کی آمدنی سے وہی مستفید ہوتے۔ پھر ہیرالال مدیر ہوئے۔ اس عہد کے امراء کی شان ہی یہ تھی کہ علم و ادب کی خدمت اور سرپرستی کے لئے ایک عملہ مامور ہوتا ' جس میں علماء ' محققین اور ادیب و فن کار کارگذار ہوتے۔ امیر کبیر پائیگاہ کی تاریخ رشید الدین خانی مرتب ہو رہی ہے۔ راجہ راجندر گوتم راؤ کے پاس سنسکرت کے پنڈت ' مصور ' نقاش کتابوں پر مصروف۔ نواب عزیز جنگ ولا ' راجہ راجیشور راؤ اصغر والیِ دوم کنڈہ کے آما باغ میں ذہین ' عزیز باغ میں فارسی لغت اور دیگر تصنیفات و تالیفات پر ایک عملہ مصروف تو راجہ بنسی راجہ باقی کے پاس تصنیف و تالیف کا مستقل عملہ مامور ہے۔ باقی کو ان کا فارسی کلام رباب پر سنایا جا رہا ہے۔ مالک راؤ وٹھل راؤ جاگیر دار بستانِ آصفیہ کی تاریخ مرتب کرنے میں مصروف۔ پیش کاری میں بھی اس کا مخصوص اہتمام تھا۔ مہاراجہ کی شاعری مصوری ' مضمون نگاری ایک طرف اور طغرا نویسی اور خطاطی کا شوق الگ۔ امیر علی سے خط کی اصلاح ہوتی۔

جس روز بابِ حکومت کی تنخواہ تقسیم ہوتی ' درخواست گذاروں کا جمِ غفیر ہوتا سب درخواستیں لیتے جاتے اور ان کی پیشانی پر نقد تقدیر رقم کرتے جاتے تا آنکہ سات ہزار پورے کے پورے تقسیم ہو جاتے اور جو درخواستیں بچ جائیں ان کو اسٹیٹ پیشکاری کے معتمد صاحب کے پاس بھجوا دیتے۔ داد و دہش کا یہ عالم ' لیکن سیدھے ہاتھ سے دیتے تو بائیں ہاتھ کو خبر نہ ہوتی۔ جس کو دیتے اس سے آنکھ نہ ملاتے۔ ہر ایک کے رتبے اور مراتب کا خیال رکھا جاتا۔ حضرت خواجہ حسن نظامی کی تکریم بھنڈاری مہاراج کی تعظیم بابا پورن داس

کی آؤ بھگت، ڈنڈی سوامی کا احترام۔ بعض بزرگوں کو رخصت کرنے نیچے سیڑھیوں تک تشریف لے جاتے ریورنڈ فلیپس اور فادر ولکنس کے انگریزی بنگلے میں پارٹی ہوتی۔ غرض ہر ہر کے ہر ہر مہادیو۔ ہر شخص کو بہ قدرِ ظرف ایوانِ شاد سے مل جاتا۔ ہندو، مسلمان، سکھ عیسائی کا کوئی امتیاز نہ تھا۔ صوفی جو ٹھیرے۔ ہر مذہب میں اسرارِ الٰہی کی تلاش تھی۔

ایوانِ شاد کے ایک طرحی مشاعرے کا واقعہ پر لطف ہے۔ شعراء کی فہرست بہ لحاظ تخلص ابجد واری مرتب ہوی۔ فارسی کے شعراء بھی مشاعرے میں شریک تھے۔ جب انکی باری ختم ہوگئی تو اردو کے شعراء نے طرح پر اپنی غزلیں سنانا شروع کیں محفل سخن گرم تھی۔ بعض مصرعے اس طرح اٹھائے جاتے تھے کہ شاعر اپنے کلام کے سقم سے آگاہ ہو جاتا تھا۔ اصلاحِ سخن کا یہ بڑا شستہ طریقہ تھا۔ بڑی دلچسپ صحبت تھی۔ نصف شب گذر گئی۔ ایک نوجوان شاعر کی باری آئی تو اُس نے غزل شروع کی۔ مطلع عرض ہے۔ ارشاد ارشاد مطلع ختم ہوا تو ہر طرف سے نعرہائے تحسین بلند ہونے لگے۔ واہ واہ ماشاءاللہ۔ اللہ کرے زورِ قلم اور زیادہ۔ سبحان اللہ۔ نوجوان شاعر نے کہا حسنِ مطلع سماعت فرمائیے۔ اس پر بھی داد و تحسین کا شور بلند ہوا۔ دوبارہ ارشاد، پھر فرمائیے کیا کہنے۔ ساری غزل مرصع تھی، سامعین اور اساتذہ بھی دل کھول کر داد دے رہے تھے۔ منجھا ہوا کلام، پختہ، اُستادانہ، محفل میں ایک اور نوجوان شاعر رقیبؔ تخلص بار بار پہلو بدل رہا تھا، غزل سنانے کے لئے بے چین۔ جب پہلا نوجوان شاعر مقطع پر پہنچا تو اُس نے گویا مشاعرہ لوٹ لیا۔ اس نے فوراً کہا۔ یہ دو غزلہ ہے، دوسری غزل عرض ہے۔ بس غضب ہوگیا۔ رقیبؔ سے اب ضبط نہ ہوسکا۔ غصے میں کھڑا ہوگیا، طیش میں کچھ خیال نہ رہا کہ کہاں ہوں اور کیا کہنا چاہیئے فرمایا۔ "بس بس رہنے دیجئے باقی غزل میں پڑھوں گا۔" زمانہ" میرے پاس بھی آنکلے ہے اس پر ساری محفل قہقہوں سے گونج اٹھی۔ محفل شاد کے سارے آداب ختم ہو گئے۔ کسی نے کہا "آپ ہی پڑھئے آپ ہی پڑھیئے" کسی نے کہا نقل کر لایا ہے یا مجلہ ہی اٹھا لایا ہے۔ واللہ جواب نہیں۔" ہنستے ہنستے سب لوٹ گئے۔ محفل کی سنجیدگی جاتی رہی۔ فقروں پر فقرے کسے جا رہے تھے۔ کچھ دیر تک ایسا عالم رہا کہ یوں محسوس ہوتا تھا کہ اب کسی کا رنگ جم نہ سکے گا۔

بات یہ تھی کہ کانپور سے دیانرائن نگم کا رسالہ "زمانہ" شائع ہوتا تھا اس کے تازہ ترین شمارے میں کسی مشاق، استاد کا دو غزلہ شائع ہوا تھا، اتفاق سے "طرح" ٹکرا گئی تھی۔ یہ شمارہ شہر میں اسی روز آیا تھا اور دونوں نوجوان وہی دو غزلہ نقل کر لائے تھے۔ پہلی غزل پر جو داد ملی تو رقیب داد حاصل کرنے کے شوق میں تڑپ اٹھا، دوسری غزل وہ خود پڑھنا چاہتا تھا۔ لیکن بھانڈا پھوٹ گیا اور پوری محفل زعفران زار بن گئی۔ مہاراجہ نے دونوں نوجوانوں کو ایک ایک اشرفی مرحمت فرمائی۔ اس کے بعد حضرت بیگم نے ریختی سنائی تو پھر محفل کا رنگ جم گیا۔ آخر میں بیدل نے ترنم کے ساتھ حضرت شاد کی غزل سنائی جو حاصل مشاعرہ تھی۔ ترنم نے سونے پر سہاگے کا کام کیا۔ پوری محفل پر ایک کیفیت طاری تھی۔ لوگ اٹھنے کے موڈ میں نہ تھے اور جب محفل برخواست ہوی تو سب کی زبان پر ایک ہی واقعے کا ذکر تھا۔ کوئی کہتا کلام چور، کسی نے کہا خواہ مخواہ اپنی بھد کروائی۔ کسی نے کہا "کچھ ہو ایک اچھی غزل سننے کو مل گئی"۔

کبھی کسی وقت رات گئے ایوان شاد کے سامنے سے آپ گزرتے تو سہ رنگی سروں کے ساتھ شنکر بائی کی باگیسری یا مالکونس، ضرور آپ کو سرشار کرتی۔ اب نہ وہ باتیں رہیں نہ وہ راتیں۔ مرحوم صحبتیں ——— یادش بخیر!

حیدرآباد کی تہذیب

ایک قدیم مسدّس کے تین بند ملاحظہ ہوں :-

مُلکِ دکن سلف سے ہے مشہورِ روزگار ٭ جنّت نظیر، رشکِ اِرم باغ لالہ زار
آب و ہوا ہے رُوح فزا اور خوشگوار ٭ زرخیز ہے زمیں کہ دفائن ہیں بے شمار
سارے پہاڑ نقرہ و گوھر کی کان ہیں
معدن کے اعتبار سے دنیا کی جان ہیں

ہیرے کی کان اور وہ الماس کوہِ نور ٭ ہے ماند جن کے سامنے ساری ضیائے طور
شہرت حلب سے بھی ہے جن کی دُور دُور ٭ یورپ میں جن کی وجہ سے دولت کا ہے وفور
اس خاک پر بہت کرمِ بُو تراب ہیں
ذرّے بھی اس زمیں کے مہ و آفتاب ہیں

الماس و لعل و سنگِ یشب نُقرہ و طلا ٭ نیلم، عقیق، سنگِ سیہ اور کوئلا
پُکھراج، سنگِ مرمر و یاقوتِ باصفا ٭ بلّور، مس، حدید، نمک، جست، سنکھیا
کانیں ہیں ان کی ارضِ دکن میں دبی ہوی
یہ دولتیں ہیں پاؤں کے نیچے گڑی ہوی

شہر حیدر آباد کی شہرت اس لئے نہیں کہ وہ سنگ و خشت اور خاک و گِل کی فلک بوس عمارتوں کی ایک خوب صورت بستی سے عبارت ہے۔ وہ جگ میں اس لئے جانا پہچانا جاتا ہے کہ یہاں انسان بستے ہیں۔ ہاں انسان اصلی معنے میں ــ یہاں سیر و تفریح کی کوئی جھیل نہیں، یہاں تو تہذیب کا چشمہ اُبلتا ہے۔ یہاں کوئی آبشار نہیں مگر کوئی

ایسا نہیں جو محبت میں سرشار نہیں۔ کسی سربفلک پہاڑ کی برفیلی چوٹی بھی نہیں۔ مگر یہاں کا ہر بسنے والا، بلند کرداری میں کوہِ طور سے کم نہیں۔ یہاں تو آسمان بھی زمین جھانکتا ہے، یہاں کوئی سمندر نہیں جہاں طوفان خیز موجیں ٹھاٹھیں ماریں، یہاں تو انسانی سینوں میں محبت کے طوفان موجزن ہیں۔ پیار اور انس میں ڈوبے ہوئے امن و خوش حالی کے ساحل خود انکے حوصلے بنلتے ہیں۔ یہاں طلوع و غروب آفتاب کی سنہری دھوپ کے مناظر نہیں۔ یہاں تو ستھرے مذاق کی سرخ شفق، پاکیزہ خیالات کی اجلی افق، حسنِ سیرت کی جگمگاتی کرنیں، انسانیت کو جلا دیتی ہیں۔ یہاں کلیلیں کرتی گنگناتی ندیاں نہیں، یہاں تو پیار اور پریم کے گنگ وجمن کی ملی جلی تہذیب کے لہریں مارتے ساگر ہیں ـــــــ کتنی تہذیبوں کا سنگم ہے یہ شہر !!

یہاں زمانے کو بڑھاپا نہیں، اخلاق مائل بہ انحطاط نہیں۔ اسی دکن کی آب و ہوا کی دلفریبی پر بوڑھوں نے ترک دنیا کیا، ریاضت کی حسین دنیا بسائی۔ یہیں کے غاروں میں خانقاہ نشین ہوئے مگر واہ رے میرے وطن کی زمین کہ اسی کی رنگین فضاؤں کی اندھیری گپھاؤں میں پتھر کو موم کیا۔ سنگ سے صنم بنائے۔ پتھر کو زبان دی۔ سنگ سے سرگم نکلے سنگ دلوں کو رام کیا۔ جمالیاتی ذوق نے حسین مناظر ابھارے۔ لطیف احساس، نکتہ رس نظر، حسن نواز فکر، مدھر سُر، ساری فضا کو حیات بخش تھرکتے بھاؤ سجھائے۔ سوگندھ کی سوگند یہ تھے لوازمات ہمارے جیون کے۔ ہر چار سو ایثار۔ پیار کا پرچار۔ زندگی سے محبت بندگی سے پریم، حیات سے الفت جیون سے پیار، جان پر جان نثار، وفا شعار جان کی قسم، جان کا پیمان، انسانیت سے عشق، آدمیت سے شیفتگی۔ یہ تھے ہمارے معاشرے کے اقدار۔ کسی کا درد سنا تو آنکھیں جھلک اٹھیں، کسی کو مغموم دیکھا تو دل بیٹھ گیا منھ سے چیخ نکل گئی۔ مرثیہ سنا تو رقت طاری ہوگئی۔ سب کو اپنا جانتے بیگانہ کوئی نہ تھا۔ اپنا سو اپنا پرایا بھی اپنا تھا۔ رنگی، زنگی، حبشی، جپسی، چینی، ارمنی، روسی، رومی، ترکی تاتاری، عربی غربی سب ایک ساتھ بستے۔ چشم بد دور اس کا دیا سب کچھ تھا اور سب کے لئے تھا، بالمیک گواہ ہیں، رام نے اپنے بن باس کے دن اسی

تپ د بن میں بتائے تھے ۔ یہیں رہتے رام کو رما کی یاد نے ستایا تھا اسی جا گھنگھور گھٹا کو دیکھ کر رام کی آنکھوں میں پانی بھر آیا تھا۔ رام کے نام کو اسی خاک نے شہرت دوام بخشی دیاس اپنی مہابھارت میں ڈنکے کی چوٹ کہتا ہے کہ پانڈوں نے اپنی روپوشی کے ایام دکن ہی میں گذارے تھے اسی جا کوروؤں سے جنگ کی تیاری کی تھی۔ راجہ نل کے بُرے دن یہیں سے پلٹے تھے۔ رام ہو کہ پرسرام' اترے ہو کہ دتا ترے' سیتا ہو کہ ساوتری دمینتی ہو کہ رینوکا سارے پری رُو اسی دل کے سُرور اسی آنکھ کے نُور تھے۔

دکن از ہشت جنت جنتے ہست

آسمانی کتابوں میں لکھا ہے کہ حضرت آدم کو اِرم سے جلا وطن کیا گیا اور یہ رعایت دی گئی کہ اسے اس کی پسندیدہ جگہ پر اتارا جائے تو اس نے دکن کی سرزمین کو منتخب کیا۔ جس کی یادگار کے طور پر پُل آدم آج تک موجود ہے۔

دکن میں جشنِ نوروز کی طرح جشنِ بہاراں ہمارا قومی تہوار تھا۔ تہواروں کی اہمیت مذہبی' اخلاقی' ثقافتی اور موسمی اقدار کی تابع ہوتی ہے۔ بسنت پھولی۔ گلابی جاڑے چٹکے۔ ہر طرف رنگ رلیاں ہو رہی ہیں۔ بسنت کی کچھ خبر نہیں۔ آم پر بور آیا۔ کچنار کی کلیاں چٹکیں۔ ٹیسو پھولا۔ مور ناچے۔ دکن میں بہار دُھری ہوتی ہے۔ فطرت مسکرائی اور قدرت کی ہر شئے کھلکھلا اٹھی۔ ہر طرف جنگل میں منگل باغوں میں بہار' بادشاہ ہو کہ گدا' امیر ہو کہ فقیر سب زرد پوش' آنکھوں میں زعفران چھا جاتی آصفی بانا بھی زرد تھا۔ ہر طرف راگ رنگ' ہر دل شاد' ہر آنکھ دنگ' شاہی محلات میں اربابِ نشاط کی فرصت چھین لی جاتی۔ واں تیرے گھر بسنت ہے یاں میرے گھر بسنت۔ بسنتی بنگلے پر رنگ کٹھرے میں گلال عبیر اڑ رہا ہے۔ پیچوا بیلی پگڑی' بگلوس باندھے' راجہ درگا پرشاد مشرف حاضر ہیں' دست بستہ' شاگرد پیشہ مودب ہوئے' نقیب نے آواز دی" نگاہ روبرو' سرکار برآمد ہو رہے ہیں آداب بجالاؤ' ہندو مسلمان سکھ پارسی عیسائی مدعو' دربار کے امراء حاضر' چاند سورج تال بھرے ہیں حوض رنگ مالا موجیں لیتا۔ سب کی پیلی پیلی پگڑیاں' دستار پیلے' کمربند پیلے۔

چل بسنتی پوش ہوکر تو بھی اب دیکھیں بہار (مہ لقا)

آفتاب محل، ماہتاب محل میں امرا منتظر ہیں۔ روشوں پر جا بجا گنگالوں میں ٹیسو کے پھول کا رنگ بھرا ہے ان میں پچکاریاں پڑی ہیں۔ کشتیوں میں گلال اور گلاب پاشں بھرے رکھے ہیں۔ راجہ شرف باریاب ہوکر نذر گذرانتے ہیں اور عرض کرتے ہیں "پیرو مرشد رنگ تیار ہے" ارشاد ہمایوں ہوتا ہے۔ "سب کے جوڑے تیار ہیں۔ "مالک کا تصدق سب کچھ تیار ہے۔ دو چار افزود ہیں۔" ارشادِ عالی ہوتا ہے۔ آداب برخواست۔ بے تکلف رنگ مناؤ۔ رنگا ثانی نے بسنت راگ چھیڑا، امیر خسرو کا مصرع تھا۔ ایک کیف طاری ہوگیا۔ قمقموں کی کشتیاں پیش ہوئیں۔ ابرک کی رنگ اور گلال سے بھرے الگ الگ تھے۔ سرکار نے ابرک کا رنگین قمقمہ اٹھا رنگا ثانی کو نشانہ بنایا۔ رنگا ثانی نے جھک کر سلام کیا۔ جو جزوِ رقص تھا۔ پھر تو امراء کی رنگ کی پچکاریاں اس غریب پر اٹھ گئیں۔ دھاریں بندھ گئیں۔ رنگ میں شرابور دونوں ہاتھ اس انداز سے جوڑے کہ ستر پوشی ہوگئی۔ وہ رقصاں رقصاں رنگ رلیوں میں گھل مل گئی اور نظروں سے اوجھل ہوگئی۔ بسنت کا رنگ شاہی محل و دربار سے شروع ہوکر سارے شہر کی گلیوں میں پھیل گیا۔ دھما چوکڑی مچ گئی۔ چھوٹے بڑے سب رنگ میں ڈوبے ہوئے۔ پربھادوں نے سردار کبیر تو پوچھے مت اپا شاہی سرخوا اس راؤ کے ساتھ ایک ٹولی گاتی بجاتی "سدا آنند رہے ہر دوار" گھر گھر ملاقاتوں کو جاتی۔ گلال سے لال لال اگروال، مارواڑی ٹکڑیاں، لالہ بہاخیاں، رنگ اور گلال اس بلا کا ملا کہ شکلیں پہچاننا مشکل غریب بھی لنگوٹی میں پھاگ کھیلتا۔ یہ رنگ کا دور دھولینڈی تک چلتا رہتا۔ سارے کاروبار معطل۔ کہیں پردیسیوں کی ٹولیاں دف پر گیت گاتی بجاتی رنگ رلیاں مناتی، خرافات بکتی۔ گالی گلوج اور کیا کیا۔

پاک دلی اور خلوص کا معجزہ دیکھتے۔ کوئی کسی کے کہے کا برا نہ مانتا۔ سب ہنستے اور مسکراتے رہتے۔

حیدرآباد کا موسم گرما

پڑھے مومن نے کیا کیا گرم اشعار ؎ بھری تھی دِل میں یارب کس قدر آگ

پیالے وطن میں، ہشت بہشت دکن میں ساقی کو دعا دے کر آتشِ سیال پی جاتے ۔ اے واعظ بہت آگ اُگل چکا۔ اب آگ تھوکنا بند کر۔ بس بس اب اپنی دوزخ کا ذکر نہ کر۔ دُختِ رز پہلے ہی سے طیش میں ہے۔ تیری گرمیِ گفتار سے جوش آجائے تو آگ کا دریا اُمنڈ آئے ۔ تو جانتا ہے پھر تیری دوزخ کا کیا ہوگا؟ آفتاب برجِ ثور میں آگیا۔ تیری یہ بہکی بہکی باتیں، شمع رُو شعلہ رُخوں کے آگے گویا آگ کے سامنے بیٹھ کر دِل جلوں پر طنز کرنا ہیں۔ یہ اچھا نہیں۔ اِدھر کالی زبان جیب جلی نے جہنم کا نام لیا اُدھر تن بدن میں گرمی پھنک گئی ۔ پسینہ آگیا۔ چھکے چھوٹ گئے۔ کیا زمانے کا گلہ، کیا موسم کی شکایت ۔ ہر طرف بس ہائے ہائے مچی ہے۔ ایک تڑپ، ایک بے چینی کہیں جی لگے نہ دم نکلے۔ سینے میں سانس گھٹی جاتی ہے۔ لب خشک ۔ زبان پر کانٹے آنکھیں چڑھی ہوئی۔ اوپر والے کی طرف دیکھو تو آنکھوں میں تارے ٹوٹنے لگیں۔ دھوپ پر کیسے نگاہ لگے ۔ دل ہی بیٹھا جائے ہے ۔ سارا جسم تپتا تپتا ۔ کوئی بات نہیں بھاتی کوئی چیز پسند نہیں آتی ۔ ہول ہول، جی گھبرایا گھبرایا ۔ رومال سے، دامن سے، پلو سے پنکھے کا کام لیں پر کچھ کام نہیں چلتا ۔ جانوروں کی طرح ہانپتے ہیں۔ کیا بلا کی گرمی ہے فلک ! تجھ پر بجلی کیوں نہ گر پڑی ۔ شبِ فرقت کی طرح ستاروں میں ایک آگ سی لگی ہے نہ رات کو چین نہ دن کو آرام ۔ سبحان تیری قدرت ! گرمی کے نام ہی سے پسینہ پسینہ ہوئے جاتے ہیں۔ کیا وقت آگیا۔ سارے کپڑے اتروالئے ۔ ظالم نے ننگا ہی کر ڈالا۔ ستارِ رب العزت

اب لاج تیرے ہاتھ ہے۔ تن پر کپڑا نہ منھ پر نقاب۔ سوا نیزے پر آ گیا آفتاب۔ چلچلاتی دھوپ گھمس بلا کی۔ پسینے میں شرابور۔ ہوا چلتی بھی ہے تو اوچھی اوچھی۔ خورشید کی گرمیاں اور شوخیاں تو دیکھو' سایۂ جاناں سے پہلے ہی میرے آنگن میں دھوپ آ گئی

ارے بابا! کیسے سمجھاؤں' اسی موسم میں —— ہوتا ہے آفتاب سے کالا ہرن کا رنگ ——

ذرا فلفل کو آواز دینا' کہنا بالا خانے سے جا کر گھانس کی ٹٹی خس خانے کے حوض پر رکھ دے۔ دھوپ چڑھتی جا رہی ہے۔ کہیں اوپر حوض کا پانی گرم نہ ہو جائے۔ ارے میاں بادکش تجھے کیا غش آ گیا۔ بھائی تو تو پنکھے کی ڈور کھینچے جا۔ یا اللہ یہ کیا ہو گیا فضا میں کسی سادھو کی چٹکی چل گئی یا کہ ہوا کو حبسِ دم کا عمل آ گیا۔ خواجہ میاں! خدا را خس کی ٹٹیوں پر جھالا مار دو۔ راستے پر دو مشکیں چھوڑ دو' چلمنوں کو خوب بھگو دو۔ دھوپ کی جھال دروازوں کی درازوں سے آنکھوں کو چکا چوند کیئے دیتی ہے۔ کیا بات ہے خس کی بو مہکتی کیوں نہیں۔ تھوڑا تھوڑا کیوڑہ کواڑوں کی آڑ میں بھی چھڑک دو۔ جالی کی کرتی کو صندل سے بسا دے۔ تھوڑا چندن گھس لا تو میں صندل سینے اور پیشانی پر مل لوں۔ چنبیلی کا تیل' روغنِ بادام تالو پر مل لوں گرم گرم بھاپ نکل رہی ہے۔ مغز بادام کوٹ کر ایک ٹکیہ بنا لا۔ بس اتنی ہو جتنی بابن حجام نے تالو پر پان بنایا ہے۔ آنکھوں میں سوزش' جلن' سر بھاری۔ ماہیِ بے آب کی تڑپ سُنی اور دیکھی تو ہے پر آج اپنے اوپر بیت رہی ہے ؎

پانی پانی جو دل تھے سینے میں جسم ڈوبا تھا سب پسینے میں

گرمی کی گرم بازاری سے بچنا محال ہے۔ سر ریں حمام میں جا لوٹوں تو شاید جان بچے۔ ٹھنڈی آہوں کو سمجھتا ہے ہوا کے جھونکے۔ عطر موتیا۔ خس۔ چنبیلی۔ کیوڑا۔ دلھن کی شیشیاں کھڑکیوں میں ہوا کی زد پر رکھ دے۔ عطرِ روح کی غذا ہے بابا۔ تجھے اس کارِ خیر کا اجر ملے گا۔ رات کو چٹکتی چاندنی' ہوا نہ ہو تو دھوپ دکھائی دیتی ہے بھیا' پہرہ بدلا ہو تو کہنا میں نے بلایا ہے۔ آج ٹھنڈائی چھنے گی اور دیکھو مودی خانے میں مغزیات بادام۔ چرونجی۔ مغز تربوز خربوز' پستہ' اخروٹ' چلغوزہ' خشخاش' سونف کالی مرچ —— اور سنو راجہ بھوئی کو بھیج دو۔ مغزیات کو کوٹنا پیسنا ہو گا۔ ناشتے میں کھچڑی

تاؤ کھا گئی تھی۔ پیاس بجھتی ہی نہیں۔ کوئی ہے ؟ شنو ! کوری ٹھلیا کا پانی نہ لانا۔ شورے کی صراحی میں پانی کسی نے تازہ کردیا۔ زبان سوکھی جاتی ہے۔ جمعرات کو ہم وقار آباد، محمود باغ چلے جائیں گے۔ محمدو سے کہنا ضرورت کی سب چیزیں صندوق میں رکھ لے۔ حکیم صاحب گو گرد والا نسخہ لے آنا، خمیرہ مروارید نہ بھولنا۔ شربتوں میں فالسہ انناس، کیوڑا، سنترا، گلاب کے شیشے احتیاط سے لے چلو۔ ایسنس کے نہیں خالص میوے کا شربت ہو۔ پہلے کون جا رہا ہے۔ خس خانہ اشوک بن میں بنے۔ ہمارے امراؤ تو امرائی سے امر ہو گئے۔ شہ چبوترے پر آم چوسنے کی ضیافت ہوگی۔ یاد رہے فالودے کے لئے گولر وہیں جا کر منگوا لینا۔ میٹھے کا شربت۔ تخم بالنگا۔ سبزے کے بیج، لو لگ جائے تو سفید پیاز بھی منگوا رکھو۔ گلقند گلاب کا اور سیوتی کا نہ بھولنا۔ قلفی، تمشک کے چیپے سب ساتھ رکھ لو۔

کیا بتائیں کس سے کہیں، ہماری ثقافتی اور تہذیبی بالا دستی۔ چبوترے پر بارہ دری دالان در دالان، پیش دالان، اندرونی دالان میں تین طرف دو منزلہ برآمدے۔ کماندار کھڑکیاں، ان پر چلمنیں، ہر دالان میں سفید فرش، ایرانی قالین۔ فرش عرش بنا ہوا ہے سِل نہ شکن داغ نہ دھبا۔ ہوادار کے شمال میں تخت بچھے ہیں۔ تختوں پر بھی سفید چادریں اور منڈپ پر بھی سفید چاندنی۔ تکیے سب قرینے سے لگے۔ غلاف خوشبویات سے بسے ہوئے۔ کسی وقتیہ راگ میں غزل چھڑنے کو ہے۔ شعر گوئی کے لئے سارا ماحول پیدا، بارہ دری سے سیڑھیوں کے برابر پتھروں پر پشت ماہی کی تراشش یا گچی کی لہریں ابھری ہوئی، سلوٹیں چنی ہوئی اور اس پر تڑپ تڑپ کر بہتا پانی چاندی چھڑکتا ہوا۔ پانی کی لوٹوں میں نور کروٹیں لیتا، آنکھوں پر ٹھنڈک چھینٹتا۔ نالیوں میں کولاٹیاں مارتا لوٹتا پوٹتا حوض کی طرف رواں ہے۔ سبزہ زاروں کے بیچ طویل حوض لہراتے پانی سے بھرا ہے۔ حوض میں جا بجا فوارے رقصاں، بلندیوں پر سرو کے درختوں سے سرگوشیاں کرتے، اونچی ہوا میں قطروں کو منتشر کرتے گویا موتی نچھاور کر کے ساری فضا سے حرارت جذب کر لیتے۔ فضا میں رطوبت پھیل کر ایک سکون بخشتی۔ دُور تک

بارہ دری کے آگے سرو کے درخت قطاروں میں دوش بدوش لہراتے ہوئے، حوض میں جھولتا ہوا عمارت کا عکس، ایک طرف جامن کے درختوں کے جھنڈ، ایک طرف مولسری اور پھنس کے گھنیرے درخت، ایک طرف امرائی تخمی، دوسری طرف پیوندی بونے درخت، چنبیلی کے منڈوے، موتیا کا تختہ، بڑے نالے پر کیوڑے کا بن۔ یوں تو قلب شہر میں چینی خانے سے متصل لکڑکوٹ، سالار جنگ کی بارہ دری، موسیٰ کا کنارا، خورشید جاہ کی بارہ دری، اقبال الدولہ کی بارہ دری، چندولال کی بارہ دری، راج باغ اور ایسے کئی اور مقامات، گرما گزارنے کے لئے موجود تھے جیسے بشیر باغ۔ حسین ساگر میر عالم کا تالاب، سعیدا باغ، کنچن باغ، کا نٹے دن، پہاڑی شریف، لنگم پلی، مولاعلی مگر منظفر جنگ کی دیوڑھی میں تہہ آب تہ خانہ ایک اچھوا۔ ساگر حوض اور اس پر بنے ایک راستہ نیچ تواریے اس کے ساتھ کا نچ کا دو منزلہ کمرہ، نیچے کے کمرے کے اطراف باہر پانی میں رنگین مچھلیاں تیرتی پھرتی، رقصاں ایک منظر پیدا کرتی۔ کمرے میں کپڑے کی جھالر کا پنکھا جھلتا ہوا۔ اس میں جنھوں نے راگ رنگ کی محفلیں سجائی تھیں وہ جان سکتے ہیں کہ لطف کے معنے کیا ہوتے ہیں۔ صاحب ہمارا بھی عجب کردار تھا۔ ہم بہتے پانی کو منجمد کرنا کیونکر برداشت کرسکتے۔ جیو اور جینے دو۔ ندی آٹے آئے پل، بنالیا تم رکو نہ ہم رکیں۔ پہاڑ کی چوٹیوں پر برف منجمد ہوتے دیکھا ہے لیکن ایرکولر اور رفریجریٹر جیسے آلے ہم نہ جانتے تھے۔

گرمی سے چرند، پرند، درند سبھی پناہ مانگتے تھے۔ اس موسم کا لباس ہی کیا اطلس نہ ریشم۔ جالی۔ آغا بانی۔ ڈھاکہ۔ شربتی ململ، ایک۔ لنگ اور سارا انگ ننگ دھڑنگ۔ مسہری زیر سماں آگئی۔ آم کی منڈی میں رونق۔ انڈے کے پراٹھے کے چھڑائے جارہے ہیں۔ سوئمنگ پول کا بدل، محلے محلے میں باؤلیاں۔ غریبوں کا گرما باؤلی کی گہرائی میں۔ حمام باؤلی۔ گھنی باؤلی۔ ہری باؤلی، گمر کی باؤلی، بچہ والی باؤلی، آغا فراق کی باؤلی، جوڑواں باؤلی، ہونہاروں سے بھری پڑی، کیا دھما چوکڑی۔ کوئی بیٹے مار رہا ہے، کوئی دم بجا رہا ہے، نوسیکھ سوزنی کا مودلہ کمر سے باندھے

گھبرایا گھبرایا، ہاتھ پاؤں مار رہا ہے۔ کوئی دم سادھے چت پانی پر پڑا تماشا کررہا ہے۔ وہ دیکھئے کسی نے موٹ سے آڑی ماری، کسی نے کیا زور کی بیٹھک ماری کہ باؤلی کا پانی موٹ سے جا ٹکرایا۔ سطح آب کا سارا کچرا ایک کونے سے جا لگا۔ کسی کو خانچڑی پر کمال تھا کہ برچھے کی طرح باؤلی کے سینے میں کھٹ سے دھنس گیا۔ کتنی اوپر سے سر کے بل کودا۔ تل کی ہٹی چھولی۔ سطح آب پر نہ کوئی تہلکہ نہ بلبلے۔ ایک ٹکڑی پانی میں سنجہ کھیل رہی ہے، یہ تو چور چالاک کو چھو کر چور بنائے گا۔ چور کسی کو نہیں پکڑتا چور جس کو پکڑے وہی چور۔ چالاک نے ڈبکی لگالی تو پتہ نہیں چور بھی تعاقب میں ڈوب گیا۔ دوسرا اچل دے کر ادھر نکل آیا۔ بچوں کو تیرنا سکھانے والے ایک استاد لنگوٹ اور تہ بند باندھے اُن کے شاگرد حضرت پر چھتری پکڑے گلیوں سے گذرتے تو معصوم بچوں کی ٹولیاں پیچھے ہوجاتیں حضرت چھاتی پر کچھ پڑھ کر پانی میں پھینک دیتے، بچہ ہاتھ پیر مارتا اور تیرتا کنارے پر آجاتا۔ حضرت کے شاگرد شہر میں کافی تھے۔

دکن کا محرّم

عجب یہ داستاں ہے غم کی مشکل ۔۔ کہ بسم اللہ میں بسمل ہوا دل

اسلامی تقویم کی بنیاد ایثار و قربانی پر رکھی ہے۔ بقر عید پر سال ختم ہوتا ہے تو محرم سے شروع ہوتا ہے حق کے علمبرداروں کا میدان کربلا میں شہادت کا پا جانا ایسا ناقابلِ فراموش تاریخی سانحہ ہے کہ ہر سال اس کی شایان شان یاد منا کر انسانیت کا نمونہ کردار تازہ اور روشن کیا جاتا رہے بلالحاظ امتدادِ زمان و مکاں کہ ہم پر غفلت طاری نہ ہو اور مظلوم انسان کو طاقتور ظالم کے خلاف آواز اٹھانے اور راہِ حق پر ثابت قدم رہنے کی دعوت یہ سانحہ رہتی دنیا تک دیتا رہے۔ شہدائے کربلا کی یاد ظلم کے خلاف جہاد حق و صداقت کے نصب العین کی طرف دعوتِ عمل ہے۔ حسنین کا کردار وقت، مقام رنگ و نسل جنس و عمر و مرتبہ کی قید سے آزاد ہے خاکنائے عرب و نجد ہی پر کیا موقوف سارے عالم کے لئے کرۂ ارض کے کسی بھی حصے میں تاریخ کے کسی دور میں انسان خواہ کسی رنگ و نسل کا ہو کسی عمر کا ہو۔ عورت ہو یا مرد، سردار ہو یا غلام ہر ایک کے لئے مثال و نمونہ ہے۔ ہر بی بی کے سامنے فاطمہ کی ممتا، ہر باپ کے لئے ان معصوموں کا سانحہ دل ہلا دینے والا ہے اور رہتی دنیا تک یہ باب درخشاں ہی رہے گا۔

عہدِ قطب شاہی میں محرّم کو ایک سلیقہ سے اہمیت حاصل ہوگئی کہ دکن میں محرم کا احترام کسی مذہبی فرقہ یا برادری کی اجارہ داری نہیں رہا اس کو قومی تقریب کا درجہ حاصل ہوگیا اور عوام میں ایسی یگانگت پیدا ہوگئی کہ کربلا کا واقعہ اسلامی تاریخ کا باب نہیں رہا بلکہ یہ ہماری اپنی تاریخی روایات میں داخل ہوگیا۔ چھوٹے بڑے مسلم، غیر مسلم سب یکساں عقیدتمند ہوگئے کہ کفر و ایماں کے حدود مٹ گئے

ہندو مسلم، پارسی، عیسائی عاشورہ بھر کنگھی نہ سنگھار۔ مہندی نہ کاجل مسی نہ پان، لال پیلا کپڑا موباف میں بھی نہ ہوتا، صرف ہرا اور کالا کپڑا پہنتے۔ تواضع میں پان کی جا صرف سکھ مکھ پیش کرتے۔ صفِ ماتم میں سب اسی احترام سے شریک ہوتے اور اسی جذبہ سے مناتے کہ غمِ حسین ہمارا اپنا الم ہوجاتا ہمارے زندگی کے ہر پہلو میں رچ بس جاتا۔ اس غمگین ماحول اور نمناک فضاء کا تقاضا تھا کہ زندگی سے گریز اور ایک جمود پیدا ہوجاتا۔ کربلا کا سانحہ ایثار کے معیار کو کتنا بلند و بالا کردیا کہ حسین کام آئے تو انسانی سیرت و کردار کی تعمیر میں نمونہ کے کام آئے غمِ حسین ہر فرد کا درد بن گیا۔ بی بی زینب کا دل ہر عورت کے سینے میں دھڑکنے لگا۔ اسی فلسفہ یاس و غم کے زد سے بچنے قطب شاہی عہد نے حیات کی قدریں شگفتہ و تازہ رہنے، کہ زندگی بے مزہ ہوکر ذوقِ عمل سے محروم نہ ہوجائے۔ ساری مغموم فضاء کو عجیب نازک انداز سے چھیڑا کہ ایک لطیف احساس کے ساتھ خوشی خوشی ایک دوسرے کے غم میں شریک ہوگئے، کوئی ذات نہ پات۔ ایک سیہ پوشی کتنے رنگوں کو مات کردی۔ ہر فن کار اپنے فن سے زندگی کو جِلا دے اور اپنا حق ادا کرے۔

نیلے عرشِ حزیں پہ ہلالی ماہ محرم کا خنجر ہلال کھینچا دکن کے فرشِ زمیں پر ماتم بچھا گھر گھر عزاداری شروع ہوگئی۔ مجاور باطہارت صندل گھسے تابوت باہر نکالے۔ عاشور خانوں میں سبز و سفید ڈھٹیاں باندھ کر علم استادہ ہوئے دھات کے طغرے۔ ذوالفقار۔ صندل مالیدہ ہلال نصب ہوئے۔ الاوے میں آگ دہکی آہ و غم سے بھرے دل کے زخم ہرے ہوگئے۔ پھر میلے لگے۔ تماشے ہوئے رنگ کھڑے ہوئے سوانگ لائے، ساز کی جگہ سوز نے لی۔ مجلسیں سجیں، نوحے پڑھے مرثیہ خوانی ہوئی۔ لنگر لٹے۔ شربت کی مٹکیاں بٹیں۔ سبیلیں تازہ ہوئیں۔ پلاؤ کھلے۔ آبدار خانے لگے۔ دودھ شربت تقسیم ہوا کہ پیاسے حسین کے بعد کوئی کوثر سے بھی تشنہ لب نہ رہے۔ فاتحہ ہوئی۔ تبرک تقسیم ہوا کھچڑی کے حصے تقسیم ہوئے۔ چنگے بتی۔ روٹ چڑھے منتیں چڑھیں۔ نذر و نیاز ہوئے۔ عود عنبر اڑا۔ گلاب پاش ہوا۔ عود دان

بُردود ہوئے۔ تعلیم خانے جاگے۔ ٹٹیاں روشن ہوئیں۔ دنگلوں کی چہل پہل بڑھی ضریح اٹھی۔ تعزیے بیٹھے۔ تابوت بنے۔ آرائش میں گھروندے سجائے، تیلے بٹھائے سوگواروں اور غم گساروں کے ساتھ یاروں کے جم گھٹے۔ امیر غریب شاہ و گدا۔ سب ایک ہی صفِ ماتم ہم دوش ہوئے۔ سواری کے راستوں پر خواجہ میاں نے مشکیں چھوڑیں، چھڑکاؤ کیا۔ ماتم کنان کفنی پہن آنٹیاں باندھے صف بہ صف ہوئے کسی نے مہندی روشن کی۔ کسی نے لالنا پلنا اٹھایا۔ کہیں رخصتی کی یاد میں محمل بردار کہیں علم طغرا کہیں آثار مقدسہ کی نمائش و زیارت، کہیں برکات کی صندل مالی۔ کہیں دُلدل۔ کہیں تیغہ۔ کہیں پنجی براق۔ شہر میں ہر جا سلیقہ مندی کے مظاہرے تو ہوتے ہی ہیں۔

گاؤں گاؤں چاوڑیاں عاشور خانوں میں بدل جاتے۔ یوں تو دس روز ہنگامہ آرائی ہوتی مگر چالیس دن تک ان میلوں کا سلسلہ چلتا رہتا

تابوت ۔ تعزیہ کی رسم ہند میں تیمور لے آیا۔ تیمور گورگاں کوفہ فتح کرنے کے بعد بایزید قیصر روم کو گرفتار کرلیا۔ مقاماتِ مقدسہ روم کے زیرنگیں تھے وہ بھی قبضے میں آگئے۔ تیمور کربلائے معلیٰ کی زیارت کو گیا وہاں اس کو بشارت ہوئی اور کچھ ملبوس و رومال تبرک میں ملے انکو اس نے ایک پالکی میں رکھ کر بڑے احترام سے فوج کے آگے لے کر چلا جس طرف کا رُخ کیا فتح قدم چومتی گئی۔ عقیدتمندی نے فتحیابیوں کو ان تبرکات کی بدولت سمجھا۔ اس کے سپہ سالار کو بھی اسی طرح بڑی کامیابی ہوئی اس طرح تعزیہ برداری فوج میں عقیدت و مقبولیت کی رسم ہوگئی۔ جب ہندستان آیا تو یہ تبرکات عماری میں ہاتھی پر رکھے گئے۔ محرم کے موقع پر صاحبقران نے زیارتِ عام کے لئے پردے اٹھا دیئے۔ عزاداروں نے بھی یہ نئی رسم اسی ترکیب و ترتیب سے اختیار کرلی۔ تبرکات سبز و سرخ مصنوعی تربیتیں بنا کر اس کے اندر رکھنے لگے ہند کے سوا ولایت میں کہیں اور اس کا رواج نہیں ہے گولکنڈہ میں تو ہودے

محمل ۔کہیوا، اونٹ پر حضرت زینب کی نشست یا امام حسین کی مصنوعی تربت کی نقل احترام سوگ میں گشت کرائی جاتی اس کے تین حصے ہوتے ہیں۔ زیرین یعنی نچلا حصہ تخت کہلاتا ہے۔ وسطی حصہ "روضہ" ہے اور بالائی گنبد۔ کاغذ سے قبہ دار بناتے ہیں۔ تابوت، جنازہ، میت، مردے کا صندوق۔ کفن رنگین سرخ وسبز بھی ہوتا ہے۔ کفنی سے مراد سبز کرتی۔ سرخ فیتہ حاشیہ پر۔ کالو سرخ و زرد تاگا گردن میں پہنتے ہیں۔ اشارہ ہے کہ حضرت جبرئیل نے سبز و سرخ پارچہ حسن و حسین کو عید کے موقع پر لایا تھا سبز کرتی اسی کی یادگار ہے۔ سہیلی طوق کی اینٹیاں اور دھیاں مشکیوں اور بیڑیوں کی یاد ہے اس طرح جو سواریاں نکالی جاتی ہیں۔ علم پرچم۔ دھات کا نشان۔ اس کا دوسرا حصہ پتا کا کپڑا بالعموم ریشمی کپڑا سواریوں میں پنچھی براق آنحضرت صلی اللہ علیہ وسلم کے شب معراج کے سواری کی یاد میں حیدرآباد میں تعزیہ عجیب بناتے۔ موم کا تعزیہ۔ ہریالی کا طاوسی تابوت۔ فوجی تعزیہ سازی صنائع اپنا کمال دکھاتا ہے۔ شیر کے منہ ہرن۔ ہرن کے سنگھ پر سپاہی سپاہی کے ہاتھ میں علم اور اسی طرح سرکش کے مناظر سے اکتساب کرتے اور نئی نئی سجاوٹیں دکھاتے ۔ ایک تعزیہ بناتے ہیں جس کا جسم گھوڑے کا سا اور شکل انسان یا پری کی سی ۔ دُلدُل پیغمبر کی گھوڑی جو حضرت علی کو دی گئی تھی اور بعد میں حضرت حسین کو ملی۔ اسی نے حضرت حسین کے شہید ہونے پر اُن کے خون میں پیشانی رگڑ کر شہادت مبارک کی اطلاع دی تھی۔

ے کچھ دم الجھ رہا ہے نہیں قلب کو قرار ∴ گرتی ہے کانپنے میں ردا سر سے بار بار

شیرزا حضرت علیؑ کا اسد۔ تیغہ حضرت علیؑ کی ذوالفقار۔ مہندی تو ہندی دلہن کا سنگھار ہے مگر، محرم کو حضرت قاسم کی شادی کی یاد۔ اس طرح جھیلا۔ سہرا دولہا دولہن کی نشست اونٹ پر۔ مہدی۔ یعنی جھولا ملنا پلنا۔ بچکانی محمل۔ معصوموں کی یاد میں سواری نکالتے۔ غرض غم حسین نے ہر خانۂ دل آباد کیا تھا وہ درس جو ہر برس برسہا برس سے دیا جاتا رہا تھا ے

؎ پہلے کرو وہ کام کے جو فرضِ عین ہے ٭ بے چین ہوں تو ہم ہوں پہ امت کو چین ہو

یہ تھا جماعتی نظام کا عملی سبق' اسی کو قطب شاہی عہد نے حفظ کرایا اور دکن میں کربلا کے سانحہ کی یاد عوام میں یگانگت پیدا کرنے میں بڑی خدمت کی۔ محرم نے دکن میں فرقہ، گروہ، جتھابندی، مذاہب اور عقائد کے اختلافی برادری کی دیواریں ڈھادیں۔ اعلیٰ' ادنیٰ ہندو مسلمان ایک علم تلے جمع ہوگئے عاشورہ کی تقریب میں سب کو تقرب تھا۔ حتیٰ کہ معصوموں کی یاد میں ماں باپ اپنے نورِ نظر' لختِ جگر کو فقیر بنا' ہری کرتی پہنا گلے میں سہیلی بازو پر آنٹیاں ہاتھ میں جھولی یا بٹوہ' اس میں جو ملتا اس سے پیروں کی نیاز کرتے۔ تقدس و طہارت ایسی کہ تمام سال میں اتنی کبھی دیکھی نہ جاتی۔ ڈاکٹر تہنیتی لال وحشی مرثیہ گو شاعر تعصب کی شکست پر فرماتے ہیں ؎

منطق غلط ہے واعظِ خانہ خراب کی ٭ حد باندھتی نہیں ہے محبت جناب کی
پڑتی ہے ہر مکاں پہ کرن آفتاب کی ٭ بخشش کو جب اترتی ہے رحمت سحاب کی
یہ دیکھتی نہیں ہے کہ یہ سبزہ ہے یہ ریت ہے ٭ ہندو کا کھیت ہے یہ مسلماں کا کھیت ہے

سوز و گداز کا یہ عالم کہ آلِ نبی کا غم بنی نوعِ انسان کا غم بن گھر گھر پھیل گیا خوشی کے پھول چمن میں مرجھا گئے اور بزمِ مسرت کی شمع بجھی بجھی سی ہے۔ ماتمِ حسین عام ہر سو بیکسی ہر سمت اداسی۔ شہدا کی عزاداری' عزیزوں کا ماتم ۱۳ سو برس ماضی کا سانحہ تازہ بتازہ آنکھوں کے سامنے ہو بہو پھر جاتا ہر کہ ومہ کے پاس مجلسیں۔ کہیں واویلا کہیں آہ و بکا۔ کہیں سینہ کوبی۔ چقچقی۔ زنجیرزنی نوحہ خوانی۔ اس کی تاریخ اس طرح بیان کی جاتی ہے کہ غرۂ محرّم کو یزید نے آخری فیصلہ چاہا اطاعت یا جنگ اور دوسری کو نبیؐ کا کنبہ کربلا کے لیے روانہ ہوگیا ۳ر کو کربلا پہونچا ۴ر کو عمر بن سعد جنگجو مشرف بہ اسلام شہادتِ حرؓ پانچویں شہادت حضرت عابد اور بیماریٔ فرزندِ حسین۔

لنگر کی ابتدا کہنے والوں نے یوں بیان کی ہے کہ سلطان قلی کا بیٹا مرزا عبداللہ

قطب شاہ نوعمر ہاتھی پر سوار ۲۷ ذی الحجہ کو حیدرآباد سے قلعہ گولکنڈہ جارہا تھا۔ رودِ موسیٰ کو طغیانی تھی شور دریا سے ہاتھی بچک گیا جنگل کی طرف بھاگا فیل بانی قابو پانے کی لاکھ کوششیں کیں سب تدبیریں دریا برد ہوگئیں کوئی کارگر نہ ہوئی مہاوت کو گردن سے گرا دیا چار شبانہ روز ہاتھی مست اسی طرح پھرتا رہا اور قابو میں نہ آیا والدہ حیات بخشی بیگم میں ماں کی ماںتا امنڈ آئی اکثر درختوں پر کھانا اور پانی کی صراحیاں بندھوا دیں کہ شہزادہ ادھر سے گذرے تو خور ونوش کی اشیا حاصل کرسکے۔

محرم کا ہلال دیکھکر منت مانگی کہ شہزادہ سلامت واپس آجائے تو اسے تلا کر سونے کی زنجیر ہموزن بنواکر اس کی کمر سے باندھ کر پاپیادہ حسینی علم لے جاؤں گی اور وہ زنجیر لٹا دوں گی۔ دعا قبول ہوئی شہزادہ بخیر و خوبی گولکنڈہ آگیا حسب منت طلائی زنجیر (۱۲) سیر وزن کی تیار کرواکر بڑے دھوم دھام سے شاہی جلوس لنگر شہزادے کی کمر سے بندھواکر حسینی علم نذر گذرانی اور لنگر لٹوادی پس یہ جلوسِ لنگر قطب شاہی دور میں شروع ہوا (۱۰۳۰ھ) اور آصف جاہی عہد میں بھی جاری رہا تا آنکہ ۱۳۳۷ھ میں پائیگاہ کی فوج موقوف ہوئی ۱۳۳۸ھ میں صرفخاص کی پلٹن بند ہوئی ۱۳۳۹ھ میں یہ لنگر عملاً موقوف ہوگیا' مدارالمہام رزیڈنٹ' امرا' اور خود بدولت بھی ملاحظہ فرماتے تھے ۱۳۱۹ھ میں لارڈ کرزن نے بھی لنگر ملاحظہ فرمایا تھا۔ آپ بھی ملاحظہ فرمالیجئے گا۔

۵ ویں محرم لنگر کے لئے شاہی فوجوں نے لام باندھی۔ فوج بے قاعدہ کی مثل لگی نشان کا ہاتھی آگے نکلا اُس کے آگے ہوائی (آتش بازی) نے آسمان جھانکا پھر ماہی مراتب کا ہاتھی جھنڈے پر مردے ہے منور۔ چوکور پگڑی چوکون بانا۔ دھاٹا باندھے مراتب تھامے (ماہی مراتب۔ پنج دھات کا شیر کے سر کا علم اسپر بیرق) پیچھے پولیس کے رو پیلے۔ سفید ڈھلے ڈھیلے تماں کلاہ سر پر سر پائی رومال شملہ کی طرح اسپر لپیٹے۔ قرابین لٹکائے بلائین کے واسکوٹ' خراماں خراماں

ہیں سرکردہ گھوڑے پر سوار ہیں ان کے ست سری کال کے نعرہ لگاتے۔ سکھوں کی جمعیت نیلے شملے میں کیس لپیٹے۔ کرپان باندھے تلوار لٹکائے سیاہ پوش سردارجی لوگ۔ رنگیلے گھوڑے پر سردار موہن سنگھ۔ زیر لگام لال پھندنی پشت پر سپر۔ اسپ پرار تنگ' داڑھی پر ڈھاٹا۔ زین سے تنچہ بندھی ہے ان کے بعد سیاہ پوش خنگے کا خنگہ بڑی گل مونچھ۔ مدرے کی سر سے چپکی پگڑی۔ کوتاہ گردن سرخ ڈراؤنی آنکھیں تیغہ پر لیموچوبے کتنا چوڑا پھل کیسا چمکتا کتا کہ آنکھ چوندھیا جائیں کندے سے لٹکائے ایک ہاتھ میں گورکھا ملی کی ڈالی بڑا بھیانک منظر کہ الاماں جلاد پھر گھوڑ سوار۔ پولیس کے دستے' انکے بعد عربوں کی ٹکڑیاں پھریرے اٹھائے کالی کالی شیروانیاں لنگیاں باندھے سر پر مدینے کی شال پر پیچواں اور پھندے لاکھ کے کندوں کی لانبی لانبی بندوقیں فتیلے سے روشن کمر بند سے بارود کی کپیاں لٹکائے ٹملی اور ڈھول پر ضماں بولے رجز گائے رقص کرتے اوچھلتے کودتے ال لول شل بول۔ سیٹیاں۔ چیخیں کان پڑے آواز سنائی نہ دے۔ کوئی بار کر رہا ہے کوئی گز مار تا ہے ولایتی زمرے کے کاروباری علی بن بدر مولدین کے عبداللہ بن سعید جادش اپنی تلوار تھامے کمر میں پتلوں کا جمبیہ ان کے بعد سدیوں کا گروہ گھونگریالے بال کوتاہ پیشانی بڑی بڑی آنکھیں باہر پچکی ناک' موٹے موٹے ہونٹ' درمیان میں سدی مبروک تلوار کے کرتب تبلاتا ہوا' آگے بڑھ گئے۔ ڈونگر سنگھ کے طویلہ والے راٹھور گھوڑ سوار۔ لال لال پگڑیاں' اجلے انگرکھے' لال کمر بند گھوڑے بڈیوں کے کوڑے راہ چلیں تو ہر رخ۔ کوئی سمت نہیں چوکتے۔ آڑے ہتھیار والے۔ برچھے۔ بھالے بلم بردار۔ بالے دار اپنی اپنی جمعیت ولوازمے کے ساتھ۔ جمعدار۔ ہاتھیوں پر عماری میں۔ پالکی جھالدار۔ میانہ۔ کرسی میانہ۔ کہار اٹھائے ہوئے۔ سب کے آخر میں غالب جنگ کا توپ خانہ گجراتی بیل کھینچ رہے ہیں رن گاڑے میں گولہ بارود برقنداز سوار۔ پھر بیانڈ۔ پلٹن۔ رام سنگھ کمندران

عروب دجبوش۔چاندی سونے کے برچھے بھالے لال لال طرے کالے کالے پھندنے کے بلم ہاتھی کے آگے چاندی سونے کی عماری میں بہاموں کی جوڑی خواصی میں علی بن بدر منطرف چاوش ہاتھی کی پیشانی منقش دانت پر سونے کے کٹ کڑے ماتھے پر سری باندھے۔مہاوت کے ہاتھ میں آنکس دھری دہت دھری ہاتھی سے کچھ کہتا اور انگوٹھے سے ہاتھی کے کان کے پیچھے اشارہ کرتا جاتا ہے ہاتھی اپنی سونڈ سے چنور ہلاتا گھماتا ہے خوب سدا یا ہے خوب سجایا ہے۔ہاتھی کے گلے میں ناریلی کنٹھا نقروی بڑے بڑے پان کا ہار۔پیر میں سانکلی۔ پاکار کے ہاتھ میں سونٹھا۔لال بانات کی جھول ہری جھالر۔دونوں طرف ایک ایک بڑا گھنٹہ۔جب یہ جھوم جھوم کر چلتا ہے تو یہ گھنٹے بج کر رہرو کو ہٹ جانے کی تنبیہ دیتے ہیں۔ عماری کے ساتھ سُرخ مخمل کی ایک سیڑھی بھی لٹکتی ہے دونوں طرف گھوڑوں پر رکاب دار سوار ہیں۔پیچھے سونے چاندی کا ہودہ کوتل۔ سونے چاندی کا میانہ۔ پالکی۔گنگا جمنی بگی۔گھوڑوں کی جوڑی کو بھی چاندی کے زیور سے سجایا گیا ہے۔چوبدار، نقیب، شاگرد پیشہ، حالی محالی لوازمے کے ساتھ چل رہے ہیں۔ایک ہاتھی پر انگریزی ہودہ۔ایک جوڑواں پشت کی دو نشست۔کرسی سی۔رخ بازو کی سمت ایک صاحب اور میم صاحب بیٹھے ہیں ان کے پیچھے شکار خانے کا عملہ ہے میر شکاری کے ہاتھ پر چمڑے کا دستانہ اس پر بیٹھی ہے بندھا بحری باز آنکھوں پر توپ اندھیری پہنا ہے۔ ان کے بعد باقاعدہ رجمنٹ شروع ہوئی۔ بالکل انگریزی ڈھب۔

دکن کے جاڑے

رنگین مزاج گلابی جاڑے جلو میں موسم سرما لئے آگئے تو اس شان و شوکت، رعب داب اور دبدبہ و جاہ سے کہ اچھے اچھوں کے چھکے چھڑا دیے۔ کس کس کا کس بل نہ نکال لیا۔ بڑے بڑے کڑیل جوان پٹ بول گئے۔ کیسے کیسے اکڑ وِل جھک گئے۔ دونوں بغل میں دونوں ہاتھ دابے مؤدب ہوگئے۔ اس دربار میں سبھی تھر تھر کانپ اٹھے۔ دانت سے دانت بج گئے۔ اُف اف کے سوا منھ سے کوئی آواز نہیں نکلتی۔ سانس، پھانس بن کر چبھتی ہے گویا منجمد ہوئی جارہی ہے۔ جگر کے ٹکڑے لال، اپنی گودڑیوں میں منھ چھپائے پڑے ہیں جلد سوکھ کر سپید کھڑی ہوگئی۔ ایڑیاں تڑک کر ککڑی بن گئیں۔ سردی نے جما کر ایک طمانچہ ایسا رسید کیا کہ گال لال ہوگئے۔ آدمی کی بساط کیا دھرتی تڑک گئی، کھیتی بھبھک اٹھی۔ جبھی تو کہتے ہیں کہ دکن میں بہار دُھری ہوتی ہے۔ دن چھوٹا رات بڑی ہوگئی۔ انگیٹھی جلاؤ آتش رخوں کو بجھاؤ۔ اپنی کیا سوچتے ہو آسمان کی ہوا بند ہے۔ خورشید پیلا پڑ گیا۔ تمازت نہ رہی حرارت نکل گئی۔ گرمیِ بازار کا بھاؤ معلوم ہوگیا۔ ارے میاں کھانے پینے کے یہی چار دن، عیش مناؤ تِل گڑ کھاؤ، تن کو تیل پلاؤ۔ رگ پٹھوں کو تیل کی مالش کراؤ، تلن کی چرچر سنو تو زبان چٹخارے لے، منھ میں پانی بھر آئے۔ استاد کی کشتی اور حکیم کا کشتہ یاقوتی، قلعی کا بُرادہ، ابرک کی جھلّی، لوہے کا بھسم، سونے کی خاک، تِل اور گڑ

دار چینی شکر، بھنے بادام، کرکُرے چھوارے کھجور اور تِل کے لڈوؤں کی نظیر نہیں۔ بہ قول نظیر اکبر آبادی۔ تِل کے منہ پہ تِل عارضِ جاناں سے کم نہیں۔ پورن پوریاں گجیے، کھیور کی پوریاں، گاجر کا حلوہ، گینگل، گوبھی، بیر، بوٹ، بھلاویں کے پھول پھٹ کگڑی، جنت کے جام 'امرود' جاڑے کا میوہ ختم۔ سوئیاں، بیسی اڑد کی دال کے گاریئل، بڑے، بھجیے، بھیگی مونگ، کچے چنے، ہری بوٹ کی کھچڑی، باجرے کا دلیہ، تل اور کھوپرے کی چٹنیاں۔ تلی کے تیل میں منہ دیکھ کر تیل جوتشی، تیلیا راجہ کو تیل پلاؤ، خیرات بہانہ جو ہے بہتی گنگا میں ہاتھ دھولو۔ تِل پر رنگ برنگ کی چاشنی چڑھا کر دوستوں کو کھلانا اور کہنا تِل گڑ کھاؤ اور میٹھا بولو، باتوں میں شکر گھولو۔ گنڈو پنت کو دیکھو، دونوں مٹھیاں بھینچ کر کہتا ہے دو مٹھی جاڑے سے کیا ہونے والا ہے۔ انگلیاں مڑنے لگیں تو کہتا ہے جاڑے میری مٹھی میں۔ کھسیانی بلی کھمبا نوچے۔

دسمبر میں مارگیسرا شروع ہوتا ہے اسی کو دھرن ماس کہتے ہیں۔ دھرم کا ماس نیکی و صواب کا مہینہ سمجھا جاتا ہے۔ بھوم یعنے کرۂ ارض۔ سمندر کی بیٹی، لکشمی کا مہینہ۔ صبح صبح منھ اندھیرے کڑکتے جاڑوں میں اٹھ کر بہتی ندی کے ٹھنڈے تازہ پانی سے نہانا، عبادت کرنا، خیرات کرنا، دینا دِلانا۔

آندھرا پردیش میں اس کی بڑی اہمیت ہے۔ یہ سہاگنوں کا مہینہ ہے ہلدی جسم پر لگا پیلی ساڑی پہننا۔ اس مبارک گھڑی دھوپ میں چمک اور حیات آفرینی ہوتی ہے۔ دھرتی کھلکھلا اٹھتی ہے۔ کلیاں مسکا مسکا کر، چٹک چٹک کر پھول بنتی اور قہقہہ لگاتی ہیں۔ کھیتوں سے فصلیں اترنے لگتی ہیں پھر کیا کسان اور کیا سلطان خوشیوں کی کوئی حد نہیں رہتی۔ اسی موسم میں محنت کش عوام اپنی محنت کا ثمرہ پاکر اچھل پڑتے ہیں اور ساری کلفتیں اور تکلیفیں بھول جاتے ہیں۔ صحت، دولت اور مسرت اسی مہینے میں بخشی جاتی ہے اور حقیقت میں یہیں سے نیا سال شروع ہوتا ہے نئی زندگی ملتی ہے۔ تعصب سے پاک ہو کر محبت جاگ اٹھتی ہے۔ چار سو خوشیوں

کی برشا ہوتی ہے، شادیاں رچائی جاتی ہیں، در در شادیانے بجتے ہیں۔ ہر گھر میں نئی دلھنوں کا راج ہوتا ہے۔ مذہبی تقاریب مناکر قدرت کے احسان کا شکر بجالاتے ہیں۔ گاؤں گاؤں، گلی گلی، گھر گھر، صبح سویرے معبود کی عبادت، مناجات، بھجن دعائیں ____ کہ یارب ہمارے اعمال نیک ہوں، ہر ہر بجتے ہر ایک کو پیام پہنچاتے ہیں۔ منگم لسنگم پوجتے ہیں، اپنے نندی بیل کو جھول ڈال کر، سینگ پر چاندی کی سنگھوٹی پہنائے، پاؤں میں پازیب سجائے، ڈھول اور شہنائی بجاتے، خوشیاں لٹاتے دعائیں دیتے پھرتے ہیں۔ جانوروں کو رنگ کر پوجتے ہیں۔ سلیقہ دیکھئے پوجنے سے پہلے پوجنے کے لائق سجالیتے ہیں۔ سانڈ، بوکڑ، مرغ، تیتر، بٹیر کھلا پلا کر لڑنے کی مشق سے سدھاکر تقریب مناتے ہیں۔ بلبل لڑانے کا یہی موسم ہوتا ہے۔ آفتاب کا محوری دور شمالاً جنوباً ہوتا ہے۔ ماہرین فلکیات اس مفروضے کے تحت مفید معلومات حاصل کرتے اور قیمتی نتائج اخذ کرتے ہیں۔ اس محور کو بارہ برج یا راسی میں تقسیم کیا گیا ہے۔ ہر برج کے عبور کرنے میں ایک ماہ لگ جاتا ہے۔ اس طرح بارہ مہینوں کا ایک سال قرار پایا۔ ہر دو ماہ کا ایک رُت سال میں چھ رُت۔ سنکرات ہر ماہ اس وقت ہوتا ہے جب کہ سورج دو برجوں کی سرحد پر عبوری حالت میں ہوتا ہے۔ جب آفتاب برج سرطان سے برج جدی مکر میں آدے تو مکر سنکرات ہوتی ہے۔

بارہ برج حسب ذیل ہیں :۔

	ماہ	برج	راس	رُت	موسم
پوش	جنوری	جدی	مکر	سسم	سرما
ماگھ	فروری	دلو	سنبھ	سشر	
پھاگن	مارچ	حوت	مینا	"	

چیت	اپریل	حمل	میمن	بسنت	
بیساکھ	مئی	ثور	ورشب	″	گرما
جیشٹھ	جون	جوز	متھن	گریشم	
اساڑھ	جولائی	سرطان	کھرک	گریشم	
ساون	اگست	اسد	سنگھ	ورشا	بارش
بھادوں	ستمبر	سنبلہ	کنیا	″	
کنوار	اکتوبر	میزان	تلا	شرد	
کارتک	نومبر	عقرب	برچھک	″	بارش
اگھن	دسمبر	قوس	دھن	ہیم	

آفتاب کو چھ ماہ جنوب سے شمال کی طرف اور پھر چھ ماہ شمال سے جنوب کی طرف درکار ہوتے ہیں۔

اتراہن دوسری دکشنائن :- جب آفتاب کا رُخ شمال کی طرف ہوتا ہے تو اسی کو پونیہ کال، ساعتِ سعید کہتے ہیں۔ آفتاب کے اس شش ماہی دور میں سرخی نتھر نتھر کر مسکراتی ہے پھر یا پیادہ آفتاب اپنے ہفت رنگی سات گھوڑوں کے رتھ پر سوار ہو کر باگ سیدھی تانتا ہے۔ ترچھی شعاعیں سیدھی ہونے لگتی ہیں۔ مہابھارت کے مصنف ویاس جی فرماتے ہیں کہ کوروں کے بزرگ ترین سورما بھشم، زخموں سے چور موت سے ہم آغوش ہونے کا انتظار کرتے ہیں کہ آفتاب اپنا رُخ شمال کی طرف پھیرے تو رُوح کو جنت کی طرف پرواز ہونے کی اجازت دیں۔ آخر ۱۴ر جنوری کو مکر سنکرات اور کچھ دنوں بعد یکادشی کو ترک دُنیا کے لیے موزوں خیال کرتا ہے اور ایسا ہی ہوتا ہے۔

ہندو، آفتاب کو شمال رُخ ہونے پر مبارک و مسعود مانتے ہیں۔ اسی زمانے میں ہوائیں معتدل ہوجاتی ہیں اور بارش کا چھڑکاؤ ختم ہوجاتا ہے۔ گرد دب جاتی ہے۔ ابر کے چھدرے چھدرے گالے آسمان پر اُقلیدس کے کتنے ہی بنتے نقشوں اور بگڑتے خاکوں کی شکل میں ہوا میں اُڑتے پھرتے ہیں کبھی اُن میں بہزاد کا رنگ بھرتے ہیں تو کبھی نیلے سمندر میں، ایسا لگتا ہے کہ اُجلی اُجلی پردوں کی کشتیاں تھاپ کھاتی تھرکتی مچلتی، تیر رہی ہوں یا کسی نے پنگھٹ پر دہی کا مٹکا پٹک دیا ہو۔ ان دنوں آسمان کو گھورنا یا ٹکٹکی باندھ کر مناظر کو دیکھنا آنکھوں کو نور بخشتا ہے۔ پتنگ بازی کا مشغلہ اسی کی طرف اشارہ کرتا ہے۔ پتنگ بازی شروع ہوگئی، عیش چورنگ ہوگیا۔ بدلی ہوی رُت۔ بدلی کا بدلا ہوا رنگ انگلیوں کے اشارے سے ہوا میں جھونگ سنبھالنے کی مشق ؎

یار میرے پتنگ اڑایا کر   یہ کٹی وہ کٹی بتایا کر

آج، ہائے کیا پیچ پڑ گئے کہ بس اب کٹ کے ہی رہ جائیں گے۔ جو بات سنو لچھے دار، قیامت کا منظر بوڑھا، جوان، بچہ، سب کی نظریں آسمان سے لگی ہوئی کس کو ہوش ہے۔ بچوں کا عالم تو پوچھو ہی نہیں۔ کاٹ کاٹ۔ لوٹ مار، چیخ پکار۔ آسمان سر پر اٹھالیا۔ ساری فضا میں، پتنگیں ہیں کہ چیل کوّوں کی طرح منڈلا رہی ہیں۔ سارا آسمان چھپ گیا۔ کان پڑی آواز سنائی نہیں دیتی کوچہ و بازار، ہر جگہ بھیڑ، کویلو کی چھت چکنا چُور۔ راستے بند۔ آمد و رفت موقوف سب میدان کی طرف بے ہوش بھاگے چلے جارہے ہیں۔ ایک حشر بپا ہے، بام بنگلے ایسے لد گئے جانو اب زمین جھا نکنے کو ہیں۔ اللہ رحم کرے۔ سب کی نظریں بس اوپر والے کی طرف لگی ہیں۔ اب اور کوئی آس نہیں۔ کسی کا کسی کو پاس نہیں۔ اگر یہ بل نہیں لگا تو بس ہتّے سے ہی اُکھڑ جائیں گے۔ پتنگ چھری کا قدم بیچ میں آگیا۔ پیچ پڑ گئے۔ دستی کا عالم ہے کہ پانچواں کالم ہے۔ سادی سے ہتّے ماریں یا کنوں سے کاٹ لیں، یہ تو دستور سا ہوگیا۔ پیچ لڑے تو معلوم

پڑے۔ ذرا سی بات اور کن کھانے لگے۔ قلفیاں دینا صبح شام کی عادت سی ہوگئی۔ اُدھر کھینچ کھینچ اور اِدھر دے ڈھیل دے ڈھیل۔ پلاؤ پلاؤ کہ شوخ کا شوق کم نہ ہو۔ سب کے دماغ آسمان پر' ایک دوسرے پر تفوق کا بھوت سوار ہے۔ کنّے ڈھیلے ہوں تو غرور کا نشہ اترے۔ مسابقت اور فریق مقابل پر فوقیت کا جذبۂ شوق تن من دھن سے گتھ گئے۔ یہ بات میدان جنگ کی تھی اور نہ آج کل کی ڈپلومسی کی' یہ بات تھی پتنگ بازی کے جلسے کے دن کی۔ پتنگ ایک موسمی کھلونا ہے کاغذ کا ہوا میں اڑا کر جی بہلانے کا۔ فضا سازگار ہو فلک ساتھ دے تو ملک ہاتھ دے۔ دو بانس کی تیلیاں' تیر و کمان کا نقشہ جماکر رنگین چوکور کاغذ چپکا دیتے ہیں۔ کبھی تاگے ڈور چوکور باندھ دیتے ہیں۔ بہ الفاظ دیگر بدّوں کے ہڈّوں پر چوگوشیہ خوش رنگ کاغذ منڈھا ہوتا ہے۔ محرابی تیلی کو کھاپ کہتے ہیں اور تیر جیسی تیلی کو ٹھڈّا۔ یہ خطِ ناصف ہوتا ہے جہاں یہ دونوں تیلیاں ایک دوسرے پر سے گزرتی ہیں وہاں ڈور کا ایک سرا باندھ دیتے ہیں اور دوسرا سرا پتنگ کا سینہ چھید کر آڑا تیر میں گانٹھ دیتے ہیں اور ڈور ایک مثلث بنا دیتی ہے۔ اسی کو کنّے کہتے ہیں۔ اس کا باندھنا مہارت طلب ہوتا ہے۔ اس میں ڈور باندھ کر پتنگ کو اڑاتے ہیں' یوں تو سب ہی کھیل تفریح کے لئے ہوتا ہے مگر مشرق کے ہر تفریحی مشغلے کے پیچھے ایک مقصد بھی ہوتا ہے۔ پتنگ اڑانا' چڑھانا' پلانا' لڑانا' لپیٹنا لپٹانا' اتارنا' ان سب میں ایک خاص انداز ہوتا ہے۔ یہ شغل حوصلہ' اعتبار فراست' اور فنی مہارت کا متقاضی ہوتا ہے۔ یہ ایک میدان بازی ہے جس میں رقیب اور رفیق کا امتیاز نہیں رہتا' دوستوں کے ساتھ حریفوں کی بھی دعوتیں ہوتی ہیں' جلسے ہوتے ہیں' پتنگ لڑانے اور پتنگ ٹوٹنے کے چرچے ہوتے ہیں۔ کٹی پتنگ کی ڈور پکڑ میں آجائے تو جانتے ہیں کہ گویا نظامِ سلطنت ہاتھ آگیا ہے۔ پتنگ پلانے کی ڈور جس شئے پر لپیٹتے ہیں اس کو چرخ یا چرخی کہا جاتا ہے جس کے دونوں طرف دو دستے اور دو پٹیاں ہوتی ہیں۔ ان کے درمیان چپٹی تیلیوں

پر چرخی گھما کر تاگا لپیٹتے ہیں۔ تاگا دو قسم کا ہوتا ہے دیسی اور ولایتی۔ ولایتی تاگا نمبری ہوتا ہے اور اس کی کنگیاں آتی ہیں۔ دیسی تاگے کے پنڈے ہوتے ہیں۔ ایک آدمی دونوں ہتھیلیوں کا دونا بنا کر انگلیوں کو اس انداز سے مٹکا مٹکا کر پنڈے کو چکر دیتا ہے کہ پتنگ کو تاگا دینے میں عجلت اور سہولت ہو اور کوئی رکاوٹ نہ پیدا ہو۔ دوسرا درجہ ناریلی کا ہے جو دراصل ناریل کی شکل کا آدھا چرخ ہوتا ہے اُس کو زمین پر گھومنے اور اُچکنے کے لئے چھوڑ دیا جاتا ہے۔ ڈور میں گانٹھ دینے کے بھی طریقے ہوتے ہیں۔ تاگے کو انگوٹھے اور چھوٹی انگلی کے اطراف چلیپہ بنا کر گھمانے سے لچھا بن جاتا ہے۔ دیس دیس میں پتنگوں کا موسم الگ الگ اور ان کے نام بھی جدا جدا ہوتے ہیں۔ طرح طرح کے سیکڑوں نام ـــــــ کنکوا، گڈی ڈھیلچی، پیٹری، بھگی، چنگ، تکل، انگریزی میں پتنگ کو چیل کی مناسبت سے کائیٹ (KITE) کہتے ہیں۔ کاٹھیاواڑ اور جام نگر میں بوڈلو، کچھ میں پدائی، مارواڑ میں کنا، بہار میں تلنگی۔ ہر زبان میں اس کھیل کی بے مثل مقبولیت کی وجہ سے اُس کے اپنے اپنے نام ہیں۔ دکن میں اپنے خوشگوار موسم کی وجہ سے پتنگ بازی بہت مقبول ہے اور اپنے رنگ روپ، صورت شکل، طول و عرض ذات و صفات وغیرہ کے پیش نظر سینکڑوں ناموں سے یاد کیا جاتا ہے۔ جیسے :۔ آبدار، آنکردار، بادلا، باؤلا، بگلا، بینی، پان، پٹھان، تارا، جام جمشید، چاند چاند تارا، چوپان، چوخانہ دار، چمار، چھیل چھبیلا، خربوزہ، دلھن، دو قلم دو پٹہ، دو لنگوٹ، رانی، رکابدار، راٹھور، سلحدار، سدی، سرا، کیسری کالی، کامران، گلہری، گلدان، لاٹھی، لہنگا، مغل، مہندی، نامدار، نوشیروان تصریق، نارنجی، وجئے، یاقوت۔ نو پتنگ کاٹنے والا نوشیروان کہلایا۔ تصریق وہ پتنگ جو صبح سے چڑھے اور بن کٹے شام کو اتارا جائے۔ منچلوں کی پتنگوں پر بعض اشعار بھی لکھے ہوتے ہیں۔ بعض پتنگیں دمدار ہوتی ہیں اور بعض تو رات کو چراغ لٹکا کر اڑائی جاتی ہیں اور بعض غبارہ بنا کر۔

تینگ بازی فن ہے تو پتنگ سازی بھی ہنر۔ سال بھر تیلیاں بھیگتی ہیں، اُن کے بھیگنے اور چھیلنے میں پورا سال بیت جاتا ہے۔ آگ اور دُھنویں پر سینک کر اُن میں خم اور لچک پیدا کی جاتی ہے۔ یہ کھیل، امیر غریب سب کا من بھاتا مشغلہ ہے۔ سنکرات کا موسم آیا کہ مانجھا سُوتا جانے لگا یعنے تاگے کو دھار دی جاتی ہے۔ بھات کی لگدی میں گھیگوار کے پٹھے کا لعاب ملا کر، کانچ کو پیس کر باریک آٹے کی طرح کا سفوف بنا لیتے ہیں اور پھر اُسے تاگے پر چڑھاتے ہیں۔ اس طرح یہ تاگا، دھار دار بن کر مانجھا کہلاتا ہے جو پتنگ کے ابتدائی حصے میں بہت دُور تک تاگے یا ڈور کے بجائے باندھا جاتا ہے اور پتنگ لڑانے اور کاٹنے میں تلوار کا کام دیتا ہے۔

سمندر کے کنارے یا اونچی ہواؤں میں اڑائے جانے والے پتنگ وزن دار ہوتے ہیں سانچا دُھرا، کاغذ بھی موٹا، تاریخ بتاتی ہے کہ کاغذ کی ایجاد سے پہلے بھی پتنگ اڑتے ہیں۔ کاغذ کے بجائے اس وقت ریشمی کپڑے، دیباچہ کا استعمال ہوتا تھا۔ کٹی ہوئی پتنگ کو لپٹانا اور اتارنا بھی، مہارت کا طالب ہوتا ہے۔ تار کی قلفیاں دے کر پتنگ کے کنوں میں چکرانے کا اہتمام کر کے فضا میں کٹی ہوئی پتنگ کی ڈور یا کنوں میں پھنسا کر چکراتے ہیں اس طرح کہ دونوں پتنگوں کی ڈور لپیٹ کر بٹ جاتی ہے۔ پتنگوں کے رکھنے کے صندوق ہوتے ہیں۔ دو بانس کی پٹیوں کو ایک طرف سے باندھ دیتے ہیں اور دوسری طرف چھلہ چڑھا دیتے ہیں جس کی وجہ سے پتنگ کلپ ہو جاتے ہیں۔

پتنگ لُوٹنے کی بات بھی لطف سے خالی نہیں۔ ایک اجنبی بانس اور اس کے سرے پر کانٹی باندھے فضا میں پتنگ کی ڈور کو تلکتے ہوئے اس کے پیچھے، میاں جی، بے طور بے ٹھور دوڑ رہے ہیں گلیوں میں لوٹنے والوں کی ٹولیاں اوپر دیکھتی، دوڑتی ہوئی ایک دوسرے پر آ پڑیں۔ پتنگ کسی کے ہاتھ لگی ڈور کسی کے ہاتھ۔ ایک دوسرے پر جھپٹنے کی کوشش میں پتنگ ہی پھاڑ ڈالی۔

پھر کیا تھا ہاتھا پائی کی نوبت آگئی مگر خیر سے دوسری کٹی پتنگ نظر آگئی اور اس کی طرف لپک پڑے۔ ہوا کچھ رُکی' پتنگ اڑانے کی کوشش میں ڈور ہاتھ میں لئے کھینچتے پتنگ کو ہوا دینے کی غرض سے ہوا کو حاضر ہونے کے لیے چیخ کر کہا۔ ''ہوا کی ماں کو بچھو کاٹا''۔ خدا جانے کیا ٹوٹکا تھا کہ موافق ہوائیں چلنے لگیں' پتنگ ٹھاپ کھانے لگی' فضا میں تھرکنے لگی۔ جھاڑیں کھینچتے کھینچتے بچ گئی۔ یہ تو ہوی بات گلی کوچے کی۔ خواص کا رنگ اپنے انداز کا' ہندو امرا' مسلم امرا' شہر کے باہر چمپا پیٹ کا میدان' پولو کا بنگلہ۔ ہرنوں کے مندے' پتنگوں کے جھنڈ کوہِ مولا کا دامن' لالہ گوڑہ' آصف نگر' قلعے کا میدان' باغوں میں دعوتیں میدانوں میں پتنگ بازی۔ ''منگا چٹھی'' کا نعرہ۔ جب ایک فریق کی پتنگ کاٹی جاتی تو اعترافِ شکست کے طور پر چٹھی مانگی جاتی تاکہ۔'' سند رہے اور بہ وقت ضرورت کام آئے۔

ان جلسوں کا اہتمام ہفتوں پہلے سے ہوتا' راجہ گلاب داس' وٹھل رائے نواب بہجت علی خاں' جہانگیر پاشا' شاشا میاں' دیوانی شنکر راؤ' رگھوناتھ پرشاد بخشی کی صحبتیں ہمارے بیتے سماج کی آخری یادگاریں تھیں۔ کھینچ کی بازی ثقاہت نہیں سمجھی جاتی تھی۔ پلا کر اونچی ہواؤں میں لڑانا کہ ڈھیل کا پیٹا چھوٹ جائے اور پتنگ دور افق پر تارا بن جائے، مستحسن گردانا جاتا تھا۔

دکن میں برسات کی بہاریں

نازہو جس کو بہارِ مصر و شام و روم پر ✣ وہ دکن میں آئے اور دیکھے فضا برسات کی

بادہ خوار مژدہ باد' خورسند باد' رند ہند زندہ باد۔ ہر سو سوگند ہی سوگند آغند ہی آغند۔ شیخ کے نصائح و پند یک قلم بند' دل ہر چند عیش کا آرزو مند' پیار کی سوگند۔ ہوا کے جھونکے رُت بدلنے کی خبریں اڑاتے' دلوں کو گرماتے پھرتے ہیں۔ پیرِ مغاں درِ میخانہ کھول دے' محتسب اب احتساب چھوڑ دے' میخوار توبہ توڑ دے بدلیوں کا ہجوم سیہ پوش ہے' موسم بادہ نوش ہے' ہوشِ برق ہم آغوش ہے۔ عقل بے ہوش ہے' رحمت عیب پوش ہے مائل بہ جوش ہے۔ دکن کی گھاٹیوں میں بادلوں نے قسم کھائی ہے کہ دوزخ کی آگ کو بھی آج بجھا کر ہی رہیں گے۔ جو گھٹا آتی ہے طرب بڑھا جاتی ہے' آفتاب میں تاب و تمازت نہ رہی' دھوپ کا روپ بدل گیا زردی آگئی فضا میں سردی آگئی۔ تقاضائے وقت کو سمجھو اسباب انقلاب کو پہچانو۔

نکل رہے ہیں کناروں سے چھوٹے چھوٹے چشمے ✣ اچھالتے ہوئے دامن میں جوشِ رحمت کو

اٹھ رہے ہیں دشت سے بادِ تند کے جھونکے ✣ اڑاتے ہوئے گردوں پر ابرِ رحمت کو

فال نیک ہے' انجام بخیر بس ایک ہے' چڑیاں مٹی میں نہا رہی ہیں' لال منیاں جھنڈ میں بلبلیں اپنے جھرمٹ میں۔ بگلے بگلے قطار در قطار' ایک فوج ہے کہ موج در موج ہے۔ نیلگون آسمان' پریڈ کا میدان' ادھر صف آرائیاں قابلِ دید! ادھر زمین بساطِ نشاط' رشکِ صنادید۔ مور رقصاں ہیں' پرندے پرے جمائے گھنے درختوں میں بسیرا ڈھونڈ رہے ہیں' گھونسلوں

میں پناہ مانگتے ہیں۔ چیلیں منڈلاتی ہوئی فلک بوس بلندیوں سے اترنے لگیں۔ سارس کی دل سوز جیسے طنبورے پر ضرب پڑی ہو ایک کرخت تان سی لگتی ہے، ہنس مان سرور سدھارے کہ اس سنسار کا پانی گدلا سا ہو گیا ہے۔ جگنوؤں نے چمک چمک کر زمین کو آسمان بنا دیا۔ برہن کو ٹیس سی لگی، ہجر کی آگ کو بھڑکا دیا ؎

پیا بِن سیج پر جگنو جو آئے گویا بارود میں اگنی لگائے

جھینگروں کی جھنکار ہے یا سیٹیاں بج رہی ہیں۔ کہیں شہد کی مکھیوں کی بھنبھناہٹ ہے، کہیں کالے کالے کافر بھنورے کنول کی پوتیاں کھولے منتر پاٹھ کر رہے ہیں۔ کدم کے پھولوں کو چوم کر چوس کر مدہوش ہیں۔ ہرے ہرے پتوں میں کالے کالے جامن ایسے معلوم ہوتے ہیں جیسے بھنوروں نے ڈالیوں پر اپنا ڈیرا ڈالا ہے۔ بھنورے ہوا کے ساتھ ستار اور سارنگی کی طرح سُر ملا رہے ہیں۔ دکن کا جنگل اِن باولے بھنوروں، ان بدمست ہاتھیوں اور مگن موروں کے لئے میخانہ بن گیا ہے۔ جہاں پانی سے بھرے ہوئے ڈبرے، لنڈھائے خُم کا منظر پیش کر رہے ہیں، ساری فضا نشے سے مست و مسرور ہے۔ پروانوں نے دیوانوں نے کمین گاہوں سے نکل کر چراغ کی لو پر دھاوا بول دیا۔ زمین سے اُبل پڑے چیونٹیوں کے لشکر نے بھی پر نکالے۔ بیر بہوٹی کے لال ٹیکے ہیں۔ بیر بہوٹی نے سرخ مخملی رینگتا فرش بچھا دیا۔ سبز زمین کے زمردین فرش پر نیم کی نمبولی پاکی، کیتکی پھُولی، مان لو کنول کے فانوس جھاڑ جل رہے ہیں۔ خطۂ دکن کے آگے کشمیری زعفران کے کھیت کا رنگ زنگ آلود ہو گیا۔ دُکھنی کنواریوں نے مہندی رچائی، جعدِ مشکیں میں موتیا کی کلیاں سجائیں۔

اماوس کی رات۔ تاروں کی بہاریں ہیں۔ سہاگنوں نے اساڑھ پوُجا۔ سائیوں نے رستیاں باٹیں، بہنوں کے لئے جھولے پڑے۔ پریم کی پینگیں بڑھیں، ہنڈول ہوا، دھوپ بسنتی ہو گئی۔ آج کے ماحول میں سبزہ بیگانہ نہیں رہا۔ دھول گرد بیٹھ گئی، ایک شانتی آ گئی، قُدرتیاں بھی زمین پر اپنی چھتریاں کھولے سیر کو آ نکلیں۔ کھیت جوتے جا رہے ہیں۔ بستیوں میں چھپر چھائے جا رہے ہیں۔ اُجڑے کھنڈروں میں کوتے آ بسے۔ مینڈکوں کی ٹرائیں ٹرائیں سے معلوم ہوتا ہے کہ پنڈتوں کے بچے وید پاٹھ رٹ رہے ہیں۔

دستِ فیّاضِ ازل ہے مائلِ جود و کرم ❖ پھینکتا ہے مٹھیاں بھر بھر کے موتی دم بہ دم

مُطرب ! ملہار گاؤ ؎

لگا دے میگھ کے باجے گگن میں ❖ پُھریری سی لگی ہے تن بدن میں

ترنگیں موج زن ہیں من مگن میں

بادل کی گرج سُن کر یہ پھڑپھڑاتی مورنیاں دیوانہ وار اڑنے لگتی ہیں تو ایسا معلوم ہوتا ہے کہ نیلگوں آسمان کے شامیانے تلے رنگ برنگ کے ہزاروں نگینوں سے جگمگاتے مرصّع پنکھے جھلے جا رہے ہیں۔ کہیں بھیگے پنچھی سُکڑے مُڑے دبے دبائے، چونچ پروں میں ڈالے، دُنیا سے کنارہ کش سادھو کی طرح بھگتی میں بے سُدھ، سمادھی لگی ہے۔ نیلگوں آسمان میں انگارہ سی بجلی کیا چمکی گویا قدرت نے بخارات کے بحر میں یا بھاپ کے سمندر میں نُور کی مچھلی ترائی ہے یا بادلے پر لہراتا زر کا تار کاڑھ کر بیل بنائی ہے یا نیلے رواق کے آسمان پر سے زربفت کے تار پھاڑ پھاڑ کر پھینک رہی ہے۔ چرخ پر برقِ نیلگوں ورق پر مُصوّرِ ازل نے نقرئی جدول کھینچی ہے۔ کسی اگیہ بتیال نے آگ کا ناگ تو لہرا نہ دیا ہو۔ کہیں کوئی اژدہا اپنی لپکتی زبان بار بار نکال رہا ہے۔ کیا اغماض ہے قدرت کا۔ رو پڑے بادل تو ہنس پڑی بجلی۔ کِسی بے پروا کاکُل کی لٹوں میں زیور کی جھلک ہے یا گھٹاؤں میں بجلی کی چمک یا کالے کیچ کے تھل میں کمل کی کلی پھُوٹ نکلی ہے یا تڑپتی کامنی دامنی ہے۔ منڈروں کی جڑاؤ طلائی زنجیر میں لٹکتے چراغوں کی طرح نور کی شعاع پھیل رہی ہے یا کوئی چاندی کی زنجیرِ فیلِ فلک کے پیر سے لٹک رہی ہے۔ زمین پر کوئی مشتاق فلک نے کوئی زرّین گیند پھینکی ہے یا زمین کو جرِّ ثقیل کی زنجیر میں جکڑنے کے لئے کوئی مُنوّر ڈور ڈالی گئی ہے۔ راجہ اندر کی زرّین قمچی سے نیلا آکاش بادل کے قیدیوں کو دُرّے لگا کر سزا دے رہا ہے اور آپ اسی کی تڑاق سی آواز کو بادل کی گرج سمجھ رہے ہیں۔ فلک پر یہ بجلی راج محل میں گرد مبارک کو گھومنے والا سونے کا دیپک تو نہیں ؟ بادلوں کے پربت پر کسی کی فتح کا پرچم لہرا رہا ہے یا راہ بھٹکوں کے لیے آکاش دِیا ہے۔ یہ روشنی کا مینار ہے یا کسی رہنما کے ہاتھ کی مشعل ہے!

بہرحال دکن میں بجلی کی یہ ادائیں کسی کے محبت بھرے غمزے اپنے عاشق کے دل پر چڑکے ہیں، بادلوں کی اندھیر نگری میں بجلی کا یہ عالم ہے کہ کالے چور بھی چراغ بہ کف ہیں اور بادلوں کا چہرہ حاکموں کی طرح غصے سے طیش میں کالا پڑگیا ہے اور بجلی منہ میں کف بن کر آگئی ہے۔ کھسکتا، سرکتا، بادل کا ایک ٹکڑا ہڑی کا لوتھڑا بن کر لپک رہا ہے۔ بادلوں کے گودام میں کوئی کاڑی کھینچ کر آگ تو نہیں لگا رہا ہے۔ ابر کے رنگین ٹکڑوں پر کیا مدن نے کام کی تلوار سُوت لی ہے یا راجہ اندر نے اپنی دھنش کمان کا چلّہ چڑھانے کے لئے برق کی ڈور کھینچی جو کھینچتے کھینچتے کوتے پر جا بیٹھی۔ یہ چنچل نظر ایک جا نہیں ٹھیرتی۔ سارے گگن میں تھرکتی پھرتی۔ بجلی کبھی کڑک کر آنگن میں آتی کبھی تڑپ کر گگن میں سمائی۔ پریوں کے تختِ رواں کا گماں ہوتا ہے یا کسی نازنین کے زرّین ڈوپٹے کا آنچل ہوا میں مچل مچل لہرا رہا ہے۔ بارش! خوب برس۔ برس اور ہر ہر برس برس، برستی بارش میں کہیں سے کوئی فوج کسی پر حملہ آور نہ ہو سکے گی۔ اب امن ہی امن ہے۔ سپاہی اور مسافر سب اپنے گھر لوٹ آئیں گے۔ ہجر کا دکھ دور ہوگا۔ فلکِ فتنہ پرور کا منہ کالا۔ رقیبِ رُوسیاہ بادل جو مہجور پر طنز تھے اب رفیقِ محبوب ہیں اپنے ماضی پر محجوب ہیں، صورت سے ہی بے اعتباری برس رہی ہے۔ یہ دل بادل ہیں یا پربت پر پربت چڑھے لڑھکتے چلے آرہے ہیں کہ قدم کہیں ٹکتا ہی نہیں۔ سلسلۂ کوہ، پہاڑ پر پہاڑ شاید سورگ، جنت کو سیڑھیاں بنانے کے لئے جمع کئے جا رہے ہیں۔ کیوڑے اور جنگلی پھولوں سے کسی کی گلپوشی کا سامان کیا جا رہا ہے۔ یہ پانی کی بوندیں سورج کی تاج پوشی کی تقریب میں آبشک کر رہی ہیں، شائد پوپ فلک باپٹسٹ کرتے ہیں، پانی چھڑک کر پاک اور عیسائی بنا رہے ہیں۔ ندیاں کس زور سے بہہ رہی ہیں۔ آبشار سے گرتے ہوئے اور کلیل کرتے ہوئے نالے رقصاں مور کے لئے سرگم بجا رہے ہیں کہ سُر سے سُر ہم آہنگ اور مدھم ہو رہے ہیں اور ہوا سے پتے مِل کر تال دے رہے ہیں۔ فلک پر کہیں سرمگیں، کہیں کبود کہیں شفق آلود۔ بادل کے چہرے پر ایک رنگ آتا ہے ایک جاتا ہے۔ راجہ اندر کے خزانے میں تغلب و تصرّف تو نہیں کیا۔ دوش پر پانی سے بھری چھاگل اٹھائے بوجھ سے

زمین پر جھکے پڑتے ہیں، اب زمین کی پیاس بجھاکر، چھڑکاؤ سے چھاگلیں خالی کرکے ہی رہیں گے۔ رم جھم مینھ کی پھوار لوری گا رہی ہے یا راجہ اندر کا خزانہ لوٹا جارہا ہے بارش کا زور ایسا معلوم ہوتا ہے کہ دولت مند خاندان کی ناخلف اولاد اپنے بزرگوں کی دولت بے دریغ لٹا رہی ہے۔ بڑی بڑی بوندوں کا جھکڑ اکیا آیا ٹپ ٹپ پٹ پٹ کرتی بارش کی جھڑی میں غریب دیمک کے پٹھے جو پربت نما تھے دب دب کر ایسے غائب ہوئے جیسے زمین کے اندر دھنس گئے ہوں قدرت کا سقہ پانی سے بھری مشکیں بغلوں میں دبائے ڈھوتے ڈھوتے تھک کر سست ہوگیا اب چوٹیوں پر دم لے کر اور آگے بڑھے گا۔ گردش فلک جو ہر وقت انسانوں کی قسمت کے نقشے بدلتی ہے آج اسی کا نقشہ ہوا بدل رہی ہے۔ کالے بادل کیا چھارہے ہیں گویا مست آنکھوں میں نیند آرہی ہے یا سحر کا احساس جگا رہے ہیں ندی نالے تالاب سب یکساں ہوگئے ہیں جیسے انقلاب نے سماج وادی نظام قائم کرکے نیچ اونچ کو مٹا دیا ہو قطرے اور سمندر کا فرق مٹ گیا۔ امیر غریب ایک سطح پر آگئے۔ دوئی مٹ گئی۔ پگڈنڈی اور راستے سب باہمی اختلافات کی طرح پانی میں ڈوب گئے۔ کالے بادلوں سے گھری گھبرائی چاندنی کسی غریب کی ڈری سہمی بیوی کی طرح جو اپنے پھٹے پرانے کپڑوں سے شرماکر کانپتی کانپتی بادلوں کی اوٹ سے جھانک لے۔ بجلی کی چمک اندھیرا اور بڑھا دیتی ہے۔ بادل برس گئے کسی کم ظرف بھکاری کی پھٹی جھولی سے سارے دانے گر کر بکھر گئے۔

دکن کے گگن منچ پر جو ناٹک کھیلے جاتے ہیں وہ ادب کے شاہکار ہوتے ہیں۔ آنکھ ہو تو دیکھے کوئی دل والا 'دشا اوتار' وشنو بھگوان نیلے امبر میں اوتار لے رہے ہیں۔ کبھی مچھ کبھی کچھ کبھی ورہا اور کبھی نرسنگ۔ ابر کے پردے گرا گرا کر مناظر بدلے جارہے ہیں۔ وشنو سروپ۔ نیلگوں آسمان۔ لہراتی بجلی۔ کاندھے سے ڈھلکتا ہوا دوپٹہ۔ بگلے وشنو کے ہاتھ میں سنکھ چکر، سیش ناگ پر بھگوان اور لچھمی کے درشن کرلیجئے۔ نیلگری کے پہاڑ یوگی بن، بادلوں کی مرگ چھالا اوڑھے۔

چوٹیوں سے گرتی ندی جوگی کے کاندھے پر پڑے ہوئے زنار کے تار ہیں۔ غاروں میں جو ہوا بھر گئی ہے گویا وہ حبسِ دم کا عمل کر رہی ہے۔ بجلی نے آنکھوں کو موسیٰ بنا کر چکا چوند کر دیا ہے۔

مہابھارت کے مناظر دکن کی گھاٹیوں میں ملاحظہ فرمائیے۔ گھنگور بادلوں کے گھر آنے سے آسمان "دھرتراشٹ" کی طرح اندھا بن گیا ہے، مغرور کلغی والا مور "تاجدار" دریودھن" کی طرح مست خراماں ہے۔ امرائی سے کوئل جوئے میں ہارے ہوئے" دھرم راج" کی طرح غائب ہے۔ بجلی چیر ہرن" دروپتی" کی طرح آگ بگولا کانتی کر اپنتی بنی ہے اور پانڈووں کی طرح ہنس گم نامی میں زندگی بسر کرنے روپوش ہو گئے ہیں۔ شفق پر بادلوں کے سفید کنارے میدان جنگ کے زخمی سپاہیوں کی مرہم پٹی معلوم ہوتے ہیں یا شنکر کی پیشانی پر چندن کا تلک لگا ہے۔ راجہ اندر کی فوج میں بادل جنگی ہاتھی بنے گرج رہے ہیں، کس جاہ و شکوہ سے گرجتے نقارے بجاتے بجلی کا پھریرا لہراتے کوہی قلعے سے آسمانی فضا پر حملہ آور ہیں۔ خزاں کے مغلوب دشمن کے راج کو تاراج کر کے راج دربار کرنے اپنی ہوائی فوج ہیروں کے نوکدار تیر برساتے ہیں۔ بھاری بھرکم ابر کے ہاتھی جلو میں ڈولتے جھومتے تھمتے رکتے چلے آرہے ہیں۔ بجلی کی زنجیروں میں جکڑے ہوئے بادل کے ہاتھیوں کی چنگھاڑ بجلی کے لنگر چھاٹتے بدمست رواں ہے۔ تیز نیزوں والی بوچھاڑ جب دھرتی کے سینے کو چھیدتی ہے تو سبز بانے والی کونپلیں زمین کی کمین گاہوں سے سر نکال کر جوابی حملے پر تل جاتی ہیں۔ کالے بادلوں میں یہ بجلی ہے یا راون کے بس میں پھنسی سیتا، چھٹکارا پانے کے لئے مچل رہی ہے۔ گرما میں ندیاں سوکھ کر کانٹا ہو گئی تھیں، بارش کے قطروں سے اب حاملہ ہو گئی ہیں، آنگ پر پانی آگیا ہے۔ ندیاں مسکاتی، گنگناتی، ناچتی، کلول کرتی سمندر سے وصال کے شوق میں مدہوش رواں دواں ہیں۔ دیکھو! سوکھی شاخوں میں بھی جان آگئی حق میں پودوں کے مسیحا ہے ہوا برسات کی۔

جدھر نظر جاتی ہے ہریالی ہی ہریالی نظر آتی ہے۔ نئی نویلی کونپلیں ہیں، یا زمین کے رونگٹے کھڑے ہیں۔ بارش نے ہریالی کو نہلا دھلا کر، بنا سنوار دیا، دھرتی کو سبز شال اڑھا دی۔ ننھے ننھے ابر کے لختِ جگر نور نظر آکاش کے میدان میں شرط باندھ کر دوڑ لگا رہے تھے کہ باہم یکا یک ٹکرا کر گر جاتے ہیں اور رونے لگتے ہیں۔ آنسو مینہ بن کر برس پڑتے ہیں۔ پدرانہ شفقت سے بے چین ہو کر آفتاب اپنی خادمہ پریوں کو حکم دیتا ہے کہ ان بچوں کو بہلائیں۔ لال، پیلی، سبز، اودی، ارغوانی، پریوں نے اپنے پلوؤں سے ان بچوں کے آنسو پونچھے تو ان کے پلو بھیگ کر تربہ تر ہوگئے چامدن نے اپنی کمان ارگنی بنادی کہ یہ اپنی ساڑیاں سکھالیں۔ پھر کیا تھا قوس وقزح کھل گئی۔

برکھا رُت کی فتح و نصرت میں ہفت رنگی کمان استقبالیہ سجائی گئی ہے یا اپنے تھکے ہوئے دونوں ہاتھوں کی انگڑائی لینے ابر اٹھا کر چلا تو رنگین کمان اور محراب کا منظر پیدا ہوگیا۔ قوس وقزح کے پلنگ پر جھولتے جھومتے اندر کی پیاری گھٹاؤں نے خوشگوار سائے میں سستانا چاہا ہے۔

یوں تو ہر موسم ادب کی جان ہوتا ہے لیکن برسات تو جانِ جاناں ہے۔

قدیم حیدرآباد میں جسمانی ورزشیں

نماک ماتھے پہ۔ اپنے ملتا ہوں ڈھال ڈھلواں سلام کرتا ہوں

نادعلی بجرنگ بلی۔ السلام اے مادرِ وطن اے خاکِ دکن۔ انسانیت کے زرین گہوارۂ امن، تعلیم گاہِ زمن، میرے دیس کی ریت علم ادب علم، میری نگری کا دستور آداب واخلاق۔ ہم حریف سے لڑتے بھی ہیں تو ہمارا مقابلہ سلام سے شروع ہوتا ہے۔ کشتی بھی ہاتھ ملاکر شروع کرتے ہیں۔ ورزش کا مشکل مشغلہ حفظِ صحت کے لئے، کسبِ طاقت کے لئے، بقائے قوت کے لئے، توانائی کے لئے، بیدار مغزی کے لئے، قویٰ میں پھرتی کے لئے، چستی ہشیاری کے لئے، ضبط وتحمل کے لئے، برداشت کی صلاحیت کے لئے، ورزش ایک عملِ پیہم، شفیق مشقن کہیں اکھرنے نہ پائے، بیزاری نہ ہو، کھیل کرتب دلچسپی پیدا کرنے کا ایک بہانہ تھا تفریح کا شاید سارا زمانہ تھا، اطوارِ شائستگی کے گواہ صحت کے فرشتے رہے ہیں۔ کشتی کا منشا اکھاڑے میں اپنے رقیب کو چت مارنا نہ تھا۔ فنِ کشتی سے جرأت ومردانگی کے لاجواب اوصاف پیدا کرنا تھا۔ یہ فرحت بخش مشغلہ تندرستی اور صحت کے صدہا صفاتِ حسنہ پیدا کرتا ہے اور اس طرح سیکڑوں نفرت آمیز امور اور بری صحبتوں سے بچاتا ہے، خود اعتمادی پیدا ہوتی ہے، یہی وجہ ہے کہ امیر غریب، شریف، ارذل سب ورزش کے دلدادہ تھے بلکہ ان کے روزانہ کے فرائض میں ورزش بھی شامل تھی۔

بھر دیا ہے چمنستان میں اکھاڑا کب سے ٭ دیکھ دکھن سے برستے ہوئے بادل آئے

برسات کے ساتھ جمود ٹوٹا ' نمود اُبھرا' حیات حرکت میں آئی ' وقت نے جوانی کو للکارا ' اکھاڑوں میں چہل پہل بڑھ گئی ' رونق برسنے لگی۔ کسی نے کانچا مارا کسی نے لنگوٹ باندھا ' کسی نے رومال تو کسی نے چڈی تو کسی نے جھانگیہ پہنا۔ کوئی محنت پر جھکا ہے ' کوئی ڈنڈ پیلتا ہے ' کوئی سپاٹ مارتا ہے۔ زمین پر پسینے سے پرچھائیں سی بن گئی ' کوئی زمین چاٹ کر ہٹتے پر سینہ اٹھاتا ہے تو معلوم ہوتا ہے کہ مور مست اِتراتا ہے۔ کہیں مگدر کی جوڑیاں ہِل رہی ہیں ' کوئی بغلی بھرتا ہے کوئی مونڈھے سے ڈھال کرتا ہے۔ کوئی کریلا گھماتا ہے۔ ادھر دیکھیئے 9 محرم کی تیاری میں بہراٹے کے ہاتھ صاف کر رہا ہے ' دو ہاتھ سے کریلا کر رہا ہے ' اُدھر دیوار کا کونا دیکھ کر ہنومانی مارتا ہے ' گوئیوں کے لیزم کی مشق نے چھنا چھن کی دھوم مچا رکھی ہے۔ یہ مغل بچہ پنجہ کشی میں کس بَل نکال رہا ہے ' انگلیاں کیا پھنسی ہیں۔ ہاہنی کی تعلیم میں شاستری مل ' کھم سادھ رہے ہیں ' کس بلا کی پھرتی ہے کلاٹی ماری کہ کھمبے کے سہرے پر جا بیٹھا۔ اُف کس متانت سے پھسلتا ہے کہ رگ رگ جھنجرا گئی۔

دکن میں علاء الدین خلجی کے سنگ ملک کافور کا وہ رنگ کہ گانو گانو بجرنگ ' ہر ہنومان کا ایک مٹھ اور ہر مٹھ کا ایک باڑہ اور ہر باڑے کے پیچھے اکھاڑا ' ہر محلے میں ایک تعلیم ' تعلیم میں کھلے۔ مُلّڑ کی تعلیم ' بچنا کی تعلیم ' پنج بھیّا کی تعلیم ' عبد الصمد عظیم خاں ' مولوی عیسیٰ پہلوان ' علی پہلوان ' ہر استاد کی ایک تعلیم۔ عبد الجبار کی تعلیم ملک پیٹھ میں ' نارائن پرشاد کی تعلیم دبیر پورہ میں ' گھرا سنگھ کی تعلیم سلطان کی تعلیم چھاؤنی میں ' سندی کی تعلیم سلطان شاہی میں ' استاد انور خاں کی تعلیم نارو کے الاوے میں ' خواجہ جان کی تعلیم۔ غرض بستی کی بستیاں اپنی ورزش گاہوں کے نام سے موسوم اور مشہور۔ میدان خان کے چوک میں فن بنوٹ کھیلنے کی تعلیم چار دانگِ عالم میں شہرت رکھتی تھی بندروں پر وار کرنا اور ان پر خالی دینے کے

تیور بہ غور مطالعے سے سیکھنا پڑتا- اکھاڑوں میں سرخرو بھی ہوتے ہیں اور پسرد بھی۔ مگر دنگل کے سرخرو مائی کے لال اور ہی ہوتے۔ آپ دنگل دیکھیے گا تو دنگ رہ جائیے گا' کوئی گوڈا کھودتا ہے' کوئی ہاتھ سے کوئی پاؤں سے مٹی میں تیل ملاکر ایسے کدیرتا جیسے ناگر سے زمین نیچے اوپر ہوگئی ہو۔ بدن کو بھی تیل پلانا ہے اور مٹی میں بھی ملاتا ہے' چنانچہ' صندل کا برادہ' مٹی میں گھسا' مالش کرتا ہے ململ سے مٹی چاٹتا ہے' مٹی تو بھلے ہی پہلوان کی پنکیوں سے پس پس کر سرمہ بنگئی ہے ناگ تیجی آئی' خورشید جاہ کی بارہ دری سجی سجائی سب کے لئے کھلی ہے۔ سیڑھیوں کے آگے کھلہ کھودا گیا ہے۔ کشتیوں کا میلا' منچلوں کا ریلا ہے۔ ایک ہنگامہ ہے' ایک دھنگا نہ ہے۔ مینہ کی ہلکی ہلکی پھوار' طبعیتوں میں چہل دل پر بہار۔ ایک سے ایک سجیلا ایک سے ایک کسیلا۔ دن رات محنت کی ہے اُستاد نے زور دیا ہے۔ اسی کا فیض ہے چشم بد دور۔ بھرا بھرا بدن پرگوشت بازو' بٹی ہوئی مچھلیاں' تہ بند باندھے' لنگی اوڑھے' خلیفہ کے پیچھے سر جھکائے' بدن چرائے' جوڑی کی تلاش میں دنگل کے گرد چکر کاٹتا ہے— "ہے کوئی جوڑی۔ ملائے گا کوئی ہاتھ"۔ خلیفہ سوال ڈالتا ہے' آخر کار ایک نوجوان بیٹھا جو حلقے میں دبا بیٹھا تھا' اُٹھتا ہے اپنے استاد کے پیٹ میں سر جھکاتا ہے' دعا لیتا ہے اور اپنی جوڑی سے ہاتھ ملاتا ہے۔ سب کی باچھیں کھل گئیں پھر کیا تھا دونوں جانب سے خم ٹھونک کے آئے بادل۔ دنگل میں اُترے مٹی چھوئی' اُلٹی ماری پلٹی ماری' کلاٹی ماری' استادانِ حاضر کو سلام کئے اور جھکے جھکے اُنگلیاں پھنسائے' نظر ملائے داؤں تلکتے رہے۔ نگاہ نہ چوکے ایک حرف چو طرف۔ اوّل اوّل جھپکی ہوتی رہی' زور ہوتا رہا' پینترے بدلتے رہے' ظفر دستی کا داؤ چلا' حریف نے چھاتی توڑ کی' دیو بند ردشمن پچھاڑ اژدر مار' جوڑ توڑ مت کورا بھی خالی گیا۔ داؤں پیچ' توڑ جوڑ ہوتے رہے ناظرین کا دیکھ دیکھ کر نسوں میں خون تیز ہوگیا' گدگدی سی ہونے لگی۔

تن بدن میں پھریری سی آئی ۔ ظفر نے کیلی کی، حریف نے بال سانگڑہ ۔ ہائے یہ نئے دھوبی پاٹ کچھ ایسی چلی کہ چاروں شانے چت ۔ واہ واہ سبحان اللہ، ماشاء اللہ سے فضا گونج گئی ۔ کیا پھرتی، پلک جھپکنے بھی نہ پائی، پان کو چونا نہ لگا پائے، چت! واہ واہ، کیوں نہ ہو، پری پیکر کا پٹھا ہے ...... اور جوڑیاں چھوڑی گئیں، پہلوان باہم نبرد آزما ہوئے، بڑی جوڑی اتری تو آج حد ہی ہوگئی، رموز کشتی کے تین سو ساٹھ داؤں سبھی دکھا دیئے اور ان کے توڑ بھی کیا کہنے ۔ جواب نہیں، کیا کرتب کئے، تعریف نہیں ہو سکتی بے نیاز کر دیا، بس بس شوق مٹ گیا ۔ کیا ترکیب، کیا گرفت، کیا بندش کا توڑ، لاجواب داؤ پیچ ایسا قوی پنجہ باندھا، ضرب حیدری دھری رہ گئی ۔ سواری کسی تو ٹس سے مس نہ ہو پایا ۔ کشتی کسی نے نہ ماری، کون کس کو پچھاڑتا، برابر کی جوڑ جو ٹھیری ۔

شہ زوری قدیم سے شرفا کا مشغلہ تھا تو پہلوانی کا پیشہ ایران کی پرانی رسم تھی کہ دو دو شاہی پہلوان باہم نبرد آزما ہوتے تو فقط ان دونوں کی فتح و شکست پر سلطنتوں کی ہار جیت کا فیصلہ ہو جاتا ۔ عرب کا بھی یہی دستور رہا ہے فن کشتی کا سا مشغلہ صفات حسنہ کے لیے بیحد ضروری سمجھا جاتا تھا ۔ شرفا، امرا، ان فنون کی سرپرستی کرتے ۔ پہلوانوں کو اچھی خاصی غذا بھی درکار ہوتی ہے بالائی، جلیبی، دودھ، مکہ، اخروٹ، بادام، پستے، چلغوزہ اور دیگر مغزیات ۔ پہلوان کا دسترخوان گویا پشاوری کی دکان ہوتی، غریب تو بھیگے چنے کے دانوں پر گزارا کر لیتے ۔ غذا میں پسند سے زیادہ پسندیدہ، انڈا تراوٹ کی غذا گھی، مسکہ، مرغ، مچھلی، یخنی ۔

سنبھالو کے پتوں میں ابلے ہوے گرم پانی کا حمام ۔ رات کا جاگنا مضر کہاوت ہے، مچھر پہلوان کو پچھاڑ دیتا ہے ۔ کشتی کی بات آ گئی ہوئی تو تو حرب ضرب کی بات آگے آئی ۔ ہزاروں سال سے میدان داری اور قلعہ کشائی کے لیے تیر کمان، سیف و تلوار، ذوالفقار، تیغہ، برچھا بھالا، بلم

پھینک پٹا، بانک جمدھر، کٹار، پیش قبض، جنبھیہ استعمال ہوتے رہے ہیں۔ ان اسلحہ کی مشق سے بھی کافی ورزش ہوجاتی۔ میدان تو ہر دفعہ نئے ہتھیار کے ہاتھ رہتا ہے۔ ہر حرب کی ضرب الگ اور اس کی روک ٹوک الگ۔ کسی حربے کی روک نہ ہو تو وہ سند نہیں۔

لٹھ کے ہاتھ، کلائی کے گھاؤ اور صفائی میں ممد ہوتا ہے۔ پینتروں اور جھپٹ کی بڑی اہمیت ہوتی ہے۔ پھینک پٹے کے آٹھ قاعدے، بیس پیچ، پندرہ روش، دس رفتار، پندرہ حملے، اکیس گھات، پانچ چھکے پانچ پھندے، پندرہ توڑ، پندرہ چال، اساتذہ نے مقرر فرما دیئے ہیں۔ بنوٹ سے بن نہ پڑے ـــــــ بنا اوٹ کا مرکب اور مخفف ہے۔ مراد ہے کہ اس کی ضرب کا کوئی بچاؤ نہیں۔ یہ خالص دیوبند نکات اور اس میں باریکیاں بہت ہیں۔ عجلت سے یہ فن نہیں آتا۔ بڑی مدت درکار ہوتی ہے۔ یہ سپہ گری کا فن ہے اور بہت مشکل ہے۔ پہلے بھی اس کے ماہر بہت کم لوگ تھے اور اب تو شاید کوئی ہے ہی نہیں۔ کچھ مدت پہلے حضرت محمد عبداللہ اودگیر والے سید محمد دست مروڑ کے شاگرد ایک ہی رہ گئے تھے۔ کوئی ان کا جانشین نکلا یا نہیں، پتہ نہیں۔

بنوٹ میں سرک کی تعلیم پینتروں کے ذریعے دی جاتی ہے۔ یہ مشکل کام ہے خاصی مدت لگ جاتی ہے تب کہیں اس میں مہارت حاصل ہوتی ہے۔ ثبوت کا دار و مدار تو سرک پر اور پھرتی چستی چالاکی پر ہے۔ سرک سے مراد اس پھرتی سے ہے کہ حریف نے تلوار کے قبضے پر ہاتھ ڈالا نہیں کہ پھرتی سے اس کے قریب کھسک کر اس کا ہاتھ روک لیا۔

فن سپہ گری میں لٹھ، لکڑی، پھری، گدگا، پٹا شامل تھے اور عام تھے کہ شعرا نے بھی ان کو باندھا ہے۔

ذرا تیغ قاتل کے آگے تو آئے ⁂ پٹا دور ہی سے ہلاتی ہے بجلی

دربار میں ٹھاٹھ کچھ اور ہے موسیقی میں ٹھاٹھ کچھ اور ہے، فن سپہ گری میں کچھ اور۔ یہ ایک نشست ہوتی ہے سلام ہوتا ہے۔ بنوٹ کے ماہر کو چار چیزوں پر قادر ہونا چاہیئے۔ آنکھ کی ڈھٹائی، دل کا قرار یعنے مستقل مزاجی، پاؤں کی سرک اور ہاتھ کی صفائی۔ اساتذہ نے اس کو علم سینہ بنالیا اور بہت سارا تجربہ سینوں کے ساتھ دفن ہوگیا۔ ایسے جتنے بھی ہنر تھے نہ لکھنے میں آئے نہ پڑھنے میں۔ عملی تعلیم اور مظاہروں تک ہی رہے۔ ہاتھ کی حرکت، گردش، آگے بڑھنا پیچھے ہٹنا، زد کے وقت اس کی حرکت، بچاؤ کے وقت اس کی جنبش۔ جسمانی حرکات، یہ سب برسر موقع دیکھ کر ہی ذہن نشین کی جاتی تھیں۔ اس فن کا واقف کار ایک لکڑی کے بدلے سے تلوار چھین سکتا ہے اور ناواقف اپنے ساتھ اپنی تلوار کی آبرو بھی کھو بیٹھتا ہے۔ اس کی مشق ذات کی حفاظت کے ساتھ جرأت اور دلیری پیدا کرتی ہے۔ جفاکشی، محنت اور مشقت کا خوگر بناتی ہے، تدبّر اور فراست اور بیدار مغزی اور سختیوں کو جھیلنے کی قوتِ برداشت پیدا کرتی ہے۔ حملہ و دفاع، مار اور روک کبھی دلچسپی کے مشغلے تھے۔

تلوار کا جہاں میں کیا ہوسکے گا مول　　جوہر شناس ہے تو اسے موتیوں میں تول
اشراف کا بناؤ، رئیسوں کی آن ہے　　شاہوں کی شان ہے تو سپاہی کی جان ہے

تلوار سپاہی کا قدیم اور معزز ہتھیار ہے، تلوار کا کس جھکاکر، موڑ کر آزمایا جاتا ہے کس بل، دم خم شمشیر شناسی کا نصاب ہے۔ اس کی تعلیم شہزادوں کو دی جاتی تھی یعنے مہنگی تھی، جوہر پرکھنا مہارت طلب ہے۔ ایران میں عہد قاچار میں عباسی، دو دو ہزار تومان میں فروخت ہوتی تھی۔ عباسی کے جوہر بھی انواع واقسام کے ہوتے۔ یہ فن بھی ایران کا ہے۔ یورپ کے بمقابل ہندوستان میں بہت عمدہ تلواریں بنتی تھیں۔ حیدرآباد میں تلواروں کی بہت قدر ومنزلت تھی۔ شاہی اسلحہ خانہ اعلیٰ درجے کے اور قسم قسم کے اسلحہ سے معمور رہتا تھا۔ بادشاہ، امرا تلوار کو ہاتھ میں رکھتے کہ یہی مرد کا زیور تھا۔

قطب شاہی عہد میں یہ فن اصفہان سے دکن آیا۔ آصف جاہ سابع میر محبوب علی خان شمشیر شناسی میں یکتائے روزگار تھے۔ ہندوستان بھر میں کوئی رئیس ان کے مقابل کا نہ تھا۔ قدیم تصاویر گواہ ہیں کہ تلوار کو بہادر کا سنگھار تصور کیا جاتا تھا۔ بزم میں مردانہ شان اور رزم میں سپاہی کی جان تلوار ہی تھی۔

شہ سواری فن سپہ گری میں اشرف۔ اس کی تاریخ انسان کی تاریخ۔ شہ سواری کی شرط، مضبوط نشست، مانڈ پختہ، گھوڑے کے مزاج سے واقفیت اور اپنے مزاج سے گھوڑے کو سدھانا، باگ پر ہاتھ، رکاب میں پاؤں اور ایڑ کا اشارہ ـــــ کہ خندق کے اس پار۔

بھالہ سوار کا ہتھیار ہے۔ نیزہ بازی عرب کا فن ہے، اسپِ تازی اور نیزہ بازی گویا توام بہنیں ہیں۔ برچھا، بھالا، بلم، اور نیزہ ان سب کا خاندان ایک ہے۔ یورپ کی فوجوں میں لانسرز رجمنٹ اسی کی مہذب اور ترقی یافتہ شکل ہے۔ جرمن سپاہ کا طرۂ امتیاز نیزہ بازی ہے۔ بارہ فٹ کا ایک لانبا بھروان بانس اور سرے پر سکان نما فولادی پھل کبھی ان میں امتیازی جھنڈی لگی ہوئی نیزہ بازی کا مقصد کبھی نشانہ بازی ہے، یہ میدان کا مشغلہ ہے۔ میدان میں چوبی میخ گاڑی جاتی ہے اور شہسوار ہاتھ میں نیزہ لیے گھوڑے کو ایڑ دیتا ہے اور سرپٹ رفتار میں نیزے کی اَنی کو میخی نشان پر اس انداز سے مارتا ہے کہ میخ نیزے سے چھد جاتی ہے اور شہسوار اسے اٹھا لیتا ہے اور گھوڑا سرپٹ آگے نکل جاتا ہے۔

بڑا سنسنی خیز کھیل ہے ـــــ غرض یہ تھے مشاغل ہماری فرصت کے اور بس۔

فہرست کتب تاریخ دکن

نشان سلسلہ	نام کتاب	نام مولف یا مصنف	سنہ تصنیف	مطبع	زبان	کیفیت
۱	اجراب دکن		۱۲۹۵ھ	مطبوعہ	فارسی	
۲	احکم التواریخ	محمد حسین	۱۳۱۲ھ	عزیز دکن	اردو	محبوب السلاطین
۳	احوال الخواقین	محمد قاسم نظام ملکی	۱۱۵۱ھ		ف	
۴	احوال غازی الدین خاں فیروز جنگ				"	
۵	احوال حیدر آباد	لچھمی نرائن شفیق				
۶	اخبار آصفی	سید محمد سلطان عاقل				
۷	الآثار الباقیہ القرون الخالیہ لابی ریحان	البیرونی				
۸	اخبار الاخبار	عبدالحق محدث دہلوی				
۹	اعراس بزرگان					
۱۰	اعضاں الاربعہ	ولی اللہ لکھنوی				
۱۱	احوال مرہٹہ	ابراہیم خاں			ف	
۱۲	اخبار النواد	چترمن	۱۱۷۳ھ		ف	چتر گلشن
۱۳	اخبار دربار مولا					
۱۴	احوال سلطان قطب شاہی		۱۲۱۳ھ			
۱۵	احوال سلاطین بہمنیہ					
۱۶	اختیارات قطب شاہی					

نشان سلسلہ	نام کتاب	نام مولف یا مصنف	سنہ تصنیف	مطبع	زبان	کیفیت
۱۷-	ارمغان سلطانی	محمد سلطان	۱۹۰۲ء		اردو	سیر گلبرگہ
۱۸-	اشارت	مہاراجہ چندولال			ف	
۱۹-	اضراب سلطانی				ف	نظم و نثر
۲۰-	اضراب دکن					
۲۱-	اکبر نامہ	علامہ ابوالفضل	۱۰۱۱ھ			
۲۲-	آصفی نامہ	بدیع الدین				
۲۳-	افضل الاداب	شاہ علی			ف	
۲۴-	اقبال نامہ	سید غلام محمد خاں	۱۲۹۹ھ			
۲۵-	اندازہ واقعات دکن		۱۲۶۶ھ			
۲۶-	انکشاف المخلوق	محمد خادم علی	۱۲۵۸ھ			
۲۷-	انوار قندھار دکن	رفیع الدین	۱۱۲۲ھ			
۲۸-	اورنگ نامہ	محمد قاسم ماتوی				
۲۹-	آئین اکبری					
۳۰-	ایلچپور برار مختصر ارجمند	مستعد خاں درسی شاعر براری				